MIRADAS

Ensayos sociopolíticos

Salvatore Brienza

DEDICATORIA

A todos aquellos que nos dejaron
durante la Pandemia de COVID-19

CONTENIDO

AGRADECIMIENTOS

A mi familia, que siempre me acompaña en este largo proceso de escritura, educación y aprendizaje.
A mis amigos "divagantes" que me motivan que seguir escribiendo.
A mis Maestros y Alumnos, porque el desafío con ellos es permanente.

INTRODUCCION

Hay libros que trascienden las páginas impresas y llaman desde lo más profundo, invitándonos a explorar las complejidades de nuestra realidad sociopolítica. Este libro es precisamente eso: un viaje apasionante hacia los entresijos de nuestra sociedad paraguaya, despertando la curiosidad y la sed de conocimiento y por sobre todo, discutiendo y analizando esa sociedad y su comportamiento.

En esta obra, te desafío a romper las barreras del conformismo y la indiferencia, adentrándote en un océano de ideas, debates y reflexiones sobre los temas más candentes que moldean nuestro mundo. A través de mis escritos y un profundo compromiso con la verdad, te invito a mirar más allá de las apariencias y a cuestionar las estructuras de poder que dan forma a nuestras vidas.

Desde las primeras líneas, me veo inmerso en una discusión apasionada sobre la educación, explorando su potencial transformador y las inequidades que la acechan. Descubro cómo la política, a menudo tan alejada de las necesidades de la sociedad, puede moldear nuestro futuro colectivo, y me siento impulsado a reclamar mi voz en el proceso de toma de decisiones.

Pero no me detengo allí. Con valentía y perspicacia, me adentro en el complejo mundo de la salud y la pandemia, examinando las deficiencias de los sistemas sanitarios y las lecciones aprendidas en tiempos de crisis. A medida que avanzo, me enfrento a verdades incómodas y desafíos esenciales que me impulsan a pedir ala sociedad más acción.

"Miradas. Ensayos sociopolíticos" es mucho más que un compendio de opiniones; es una llamada a la acción, una exhortación a asumir mi responsabilidad como ciudadano comprometido y agente de cambio. A través de estas páginas, me embarco en un viaje de autodescubrimiento y despertar, desafiando mis propias creencias y prejuicios, y encontrando nuevas formas de participación en la construcción de un futuro más justo y equitativo.

Entonces, te invito a sumergirte en las páginas de este libro con mente abierta y espíritu inquisitivo. Te desafío a cuestionar tus propias ideas y adentrarte en debates internos apasionantes que te permitirá descubrir nuevos horizontes de pensamiento y acción.

"Miradas. Ensayos sociopolíticos" es un faro en la oscuridad, una llamada a la reflexión y la transformación. Te espera un mundo de ideas poderosas y análisis perspicaces. Espero que puedas descubrir la chispa que enciende el fuego del cambio en nuestras sociedades.

Que este libro sea tu compañero de viaje en la búsqueda incansable de un mundo más justo y humano.

Bienvenido a "Miradas. Ensayos sociopolíticos".

EDUCACION

PROFESORAS CAJAS DE POLLO

Jueves, 18 de mayo de 2023

La educación en este país está manejada por una clase política que llega al nivel de clientelismo y prebendarismo que raya la locura.

Esta situación no es sólo en el nivel de la primaria o la secundaria, también se ve en el nivel terciario o universitario.

Pero este artículo va dedicado a ciertos "docentes/indecentes" que no sólo destruyen la profesión, sino que terminan llevando la "vocación del maestro" al nivel más rastrero y pusilánime que existe.

Son las "Profesoras Cajas de Pollo".

Sí, son esas docentes que perdieron su dignidad en la profesión al nivel de creer que, con cajas de pollos, donados por sus amigos o amigas políticas, pueden conseguir escalar en las estructuras del Ministerio de Educación y Ciencias o mantener sus privilegios en las escuelas, colegios o universidades.

Esas "docentes/indecentes", y digo en femenino, porque, aunque no puedo dar nombres, a raíz de ciertos procesos administrativos del MEC, aún en curso, utilizaron sus influencias políticas para construir su estatus de *aipo* (Trad.: Seudo) "líder política".

Sin embargo, la dignidad de ser formadores de niñas y niños, adolescentes y jóvenes de este país, no debería caer en manos de este tipo de personas que, durante la campaña política, se pasa pidiendo 4, 8 o 10 cajas de pollo, supuestamente, para asegurar que sus colegas y padres de familia voten por tal o cual candidata o candidato, tanto en las elecciones internas como en las últimas elecciones generales.

Estas "Profesoras Cajas de Pollo" que piden en donación 10, se quedan con 4 y dicen que solo se donó 3 y que ella consiguió 3 cajas más de pollo a un precio más barato, obligando a los padres de alumnos a pagar por donaciones. Todo lo hacen con la finalidad de ganar un "dinerito extra", cuando en realidad deberían de estar trabajando por sus clases y sus alumnos.

Una práctica común es que, en sus horas de clase, se pasan pidiendo dinero a los alumnos para fotocopias o cartillas, que, si fueran pro activas, deberían de gestionar mucho antes o utilizar otras estrategias menos gravosas para los padres de familia de escasos recursos.

La educación en nuestro país, no es gratuita, porque hay ese componente político partidario; que presume, hacer el bien común, cuando en realidad solo beneficia al caudillo de turno o al operador/a política.

Por otro lado, si un docente o una docente, no tiene la capacidad de gestionar su carácter, comportamiento o algún tipo de problema de índole psicológico, lo ideal sería pedir ayuda y no rematar por sus alumnos o alumnas, ofendiendo e insultándoles con palabras irreproducibles.

Quien no entiende que su rol es formar personas que serán el futuro del país, que están construyendo una sociedad del futuro, entonces no entienden la trascendencia de la profesión que eligieron.

Aquí también, en esta crítica, entran los Institutos de Formación Docente, que de un tiempo a esta parte se convirtieron en seccionales o comités para captar afiliados y ganar beneficios del estado y, principalmente, de las autoridades regionales del MEC.

No se puede seguir intentando tapar el sol con un dedo. Y ni siquiera con toda la mano o el cuerpo.

El o la docente que quiere dedicarse a la política partidaria, que lo haga; tiene toda la libertad del mundo. Pero fuera de la Escuela, Colegio o Universidad. Y más aún, fuera de los Institutos de Formación Docente.

En estos últimos tiempos soy testigo de denuncias contra docentes que fueron resueltos por los profesionales Administrativos, Pedagógicos y Jurídicos del MEC y, tomando en serio todas las denuncias, han aplicado medidas acordes a la Ley del Educador y la Ley de la Función Pública.

Es doloroso, sí. Pero es necesario.

Lo mismo debe ocurrir en otros estamentos de la sociedad.

Extirpar el cáncer de la corrupción sólo puede empezar de abajo para arriba.

Las ACE (Asociación de Cooperación Escolar), los EGI (Equipo de Gestión Interinstitucional) y otras organizaciones en las escuelas y colegios son espacios para organizar los trabajos entre padres, docentes y directivos y no para las trapisondas de "delincuentillas o delincuentillos" que fungen de Maestras, Profesoras o Directores, y mucho menos Supervisores (También ex supervisores) que utilizan el tiempo y el dinero de todos los contribuyentes para sacar mejores tajadas al presupuesto general de gastos de la Nación.

Espero, que este nuevo gobierno que va a asumir el 15 de agosto, no fortalezca de nuevo el clientelismo y prebendarismo político y demuestre que sí "vamos a estar mejor como sociedad", librándonos de las "Profesoras Cajas de Pollo", los Docentes/Indecentes y todo aquel que crea que por tener un "amigo o amiga" en el poder, puede dejar de hacer el trabajo por el cual se le paga con dinero de los contribuyentes.

Si vemos algo malo, denunciemos. Hay mucha gente decente y honesta, que sólo quiere trabajar y ganar su pan diario; pero no lo puede hacer, porque este tipo de gente "todos los días" convierten la vida de sus colegas y alumnos en un infierno. Y todo, por una caja de pollo.

EL ARGUMENTO DE LOS FANATICOS

Miércoles, 23 de noviembre de 2022

> *"Hay que separar lo que es la persona de sus puntos de vista. Y hay opiniones que son respetables, pero hay opiniones que no son respetables."*
>
> Adela Cortina, Filósofa

"El límite de la tolerancia, y es la justicia" me decía un Maestro ya fallecido.

Los "PRO" (Pro Vida/Pro Familia) están pasando ese límite en que todo se puede tolerar.

La Audiencia Pública llevada a cabo el lunes 21 de noviembre pasado, con la presencia de representantes del poder Legislativo, el MEC y de organizaciones llamadas "Pro Vida y Pro Familia", sólo demostró que estos últimos no quieren dialogar, quieren imponer sus ideas y no les importa "qué, quién o quiénes" ponen argumentos contra sus ideas.

Estos "PRO" están convencidos de que hay una "Agenda 2030 + Lobby LGBTQi" donde se busca, palabras textuales de sus referentes, "sodomizar a los niños".

Pero lo lamentable es el aplauso a uno de los padres de familia que prometió meterle bala a los que defienden el Plan Nacional de Transformación Educativa (PNTE) o la Hoja de Ruta (HR-PNTE)

Desde todo punto de vista, es un peligro para la sociedad tipos así. Por un lado, se declaran Pro Vida y Pro Familia y por el otro, "prometen" quitar la vida a los que apoyan un Plan Educativo Nacional.

Otro pasaje lamentable fue la Concejal Departamental del Alto Paraná Sandra Miranda que alegaba su "derecho a discriminar". La expresión de esta "representante del pueblo" es inconstitucional. Espero que nunca más les voten a personas que "quieren discriminar". Se les nota a leguas su hilacha fascista.

Discriminar no es un acto humano. La evolución social, los valores religiosos o la ética como norma de vida, en nuestra condición de seres humanos, no permite la discriminación como un valor o derecho humano.

Cuando ya todo parecía estar al máximo del esplendor de la supina ignorancia, aparece la "docente jubilada y gremialista" Corina Falcón, pidiendo que se "evite que nuestros hijos sean como los niños de Canadá" que están sufriendo de "depresión" igual que las docentes de nuestro país.

Quiero nomás avisarle a la "Gremialista Falcón" que muchas y muchos de los docentes que ella defiende o defendió en su momento, siguen siendo las mismas "hurreras de los políticos de turno".

No sé bien que sucede, pero estoy convencido que a muchos "PRO" ya se les cruzaron los cables. O como decíamos antes, "opo'ikuártagui" (Suelta en cuarta, haciendo alusión a que algo mecánico no está funcionando bien).

Y ahora, como hicieron el bochornoso espectáculo en la Audiencia

Pública (21/11/22) no tienen más empacho, que solicitar que el MEC derogue el "Protocolo de Intervención en caso de abusos" que es el mecanismo para que los y las docentes en aula denuncien o tomen nota de los abusos que sufren las niñas y niños en sus casas y que muchas veces son detectados en las escuelas y colegios del país.

Gracias a este protocolo se han detectado, sólo este año, más de 1.900 casos de abusos y situaciones de riesgo para niñas, niños y adolescentes,

Si se quita este protocolo entonces, ahí sí, a sus anchas estarán a los que les gusta violentar a niños en sus casas o en el entorno familiar. Recordemos que no es sólo el castigo físico lo que daña, también lo es el castigo verbal, agresivo y humillante. Los que son psicólogos sabrán explicar mejor que yo. Pero un niño, niña o adolescente al que uno le grita todos los días "inútil, bobo o estúpido" queda con secuelas psicológicas tremendas. Y no me digan que "no quedaron con secuelas" si no se fueron a un psicólogo.

Es decir, estos PRO no saben que más van a hacer.

Necesitan generar el caos y el desorden para imponer "el orden Dios, Patria y Familia". Este lema, por el sólo hecho de mencionarlo, refleja una tremenda ignorancia de parte de los "PRO".

Este es un lema fascista y no puede ser esgrimido en una sociedad democrática como la nuestra.

Para que entiendan qué es el fascismo les dejo un link: FASCISMO

Sinceramente, "las y los docentes que apoyan a los que están en contra del PNTE" no entienden el "importante papel que tienen en la sociedad".

Dicen que, en Japón, el único ante quien el Emperador agacha la cabeza es ante un Maestro.

Este respeto es porque en manos del Maestro está el destino de un país.

Pero en Paraguay, muchos Docentes, no digo todos, sólo van por el buen salario por turno y no les importa el resto. A ellos no les interesan sus alumnos. Sólo cobrar a fin de mes y salir de vacaciones a fin de año.

Las estadísticas PISA-Paraguay dicen que el comportamiento de las Instituciones y los Docentes influyen en el desempeño de los estudiantes.

Algunos datos son muy reveladores:

1- En el 85,4% de las escuelas y colegios del país hubo suspensiones de una o más clases, sin el motivo establecido en el calendario del MEC.

2- El 85,3% de los docentes han llegado tarde a clase, reflejando el ausentismo y la impuntualidad.

3- El 86,7% de los docentes han utilizado su celular durante la hora de clase, demostrando que no se aprovecha el tiempo para dedicarse a la profesión por el cual se les paga.

Esto, sin dejar de mencionar que hay docentes que "se escapan en horas de clase" dejando a sus alumnos a la deriva. O que otros docentes, "salen a participar de actos políticos" mientras tienen que dar clases.

Es decir, de cada 10 Docentes, 8 incurren en alguno de estos 3 datos.

Nuestro país necesita con urgencia que funcione el sistema de "Profesionalización Docente". Es decir, que los Maestros y Maestras del país no se sometan al componente político por "una caja de pollo" que se decomisa en Aduana y que se reparte en época electoral.

En ese sentido, la formación del Educador debe partir de un aprendizaje significativo de conceptos claves como derechos humanos, respeto a las diferencias, la inclusividad y otros temas que son cuestionados en el PNTE, pero que son importantes para crecer como sociedad.

Un docente que no es capaz de comprender que sus alumnos son diferentes entre sí, que tienen realidades diferentes, contextos de vida diferentes y una expectativa de la vida diferente a los otros y a las preconcepciones que tiene el propio docente, no puede estar en aula.

Sólo saber preparar informes del grado para el MEC no es ser buen docente. Y es en ese sentido que el PNTE plantea la Formación Profesional del Educador, la Mejora continua y la Capacitación continua para acceder a mejores salarios o escalar como Profesional.

O sea, no ser más "docente hurrera o docente caja de pollo". Hacer valer su título profesional.

Y debemos desterrar la idea de que las escuelas son lugares de "encierro" para los niños, al mando de docentes que sólo se pasan chateando en WhatsApp o buscando como escaparse de las escuelas para ir a "hurrear".

Este país necesita que sus ciudadanos, de manera urgente, vuelvan a entender lo que leen. Aunque sea lo que lee en la escuela y el colegio deben entender.

El reporte del periodo 2015 - 2018 del SNEPE (Sistema Nacional de Evaluación de las Prácticas Educativas) que sirve para monitorear el desempeño del docente en clase según resultados, demuestra que los alumnos hasta el 9no. grado, no llegan siquiera al "mínimo esperado" en materias como Matemáticas, Comunicación castellana y guaraní.

Esto es lamentable..., y triste.

TRANSFORMACION EDUCATIVA

Un problema de lectura comprensiva

Martes, 27 de septiembre de 2022

Hoy fue un día más en el Paraguay del siglo XXI.

Sin embargo, pero no fue un día menos..., porque todas las redes sociales se inundaron de la famosa TRANSFORMACION EDUCATIVA y las FAKE NEWS (Noticias Falsas) al respecto, sumado a los comentarios descalificantes con datos "alterados".

"..., el 92% de los estudiantes de 15 años no posee competencias mínimas en matemáticas que les permita participar efectiva y productivamente de un proyecto común de bienestar nacional, ya sea como estudiante, trabajador y ciudadano." (1)

Este es tan sólo uno de los datos preliminares que trae a colación la Hoja de Ruta de la Transformación Educativa en Paraguay. Hago la aclaración que es en Paraguay, porque hay quienes mezclan con Chile, con Argentina, con España e incluso, relacionan con una Agenda GAY Global.

Ocurre que el proceso de la Transformación Educativa no habla de la famosa "Agenda Gay" o que los niños van a ser travestis. Es la manipulación de la información lo que lleva a una mala decisión.

Como vemos, "el 92 % de los jóvenes menores de 15 años" no tienen las capacidades básicas para ser un estudiante, ciudadano o profesional y eso es gravísimo. Mucho más grave que la "supuesta ideologización de los niños".

Esto significa que en los próximos 5 años, 9 de cada 10 jóvenes no estará "capacitado" ni siquiera para ser empleado de alguna fábrica, que en estos últimos tiempos exigen capacidades mínimas de conocimiento informático, comprensión lectora o conocimiento de matemática básica (Sumar, restar, multiplicar o dividir).

Por otro lado, no son ni Bill Gates o George Soros los que impulsan la Agenda 2030 o la Transformación Educativa. Son estos datos concretos sobre la realidad educativa de nuestro pais la que nos interpela a apoyar una nueva Reforma, para no usar el prefijo TRANS al que tanto tienen miedo los que están en contra de la Nueva Visión Educativa.

Si la palabra "trans" suena mal entonces transferencia, transporte, transacción, transformador son todas palabras que están mal.

El problema no es una palabra, el problema es la manipulación de la mente que mira el árbol, pero no el bosque.

DOCENTES

"..., luego de treinta años de reflexión e implementación de diversas políticas educativas, parece claro que la educación técnico-profesional hoy debe generar en los estudiantes capacidades, competencias y aprendizajes, individual y socialmente significativos para que, desde allí las personas interactúen con las nuevas realidades socio productivas y económicas del país." (2)

Creo que los propios Docentes del MEC, en su gran mayoría, son los principales impulsores de esta "confusión" sobre la Transformación Educativa.

Y es que en uno de los puntos de la hoja de Ruta, plantea la "profesionalización de los Docentes". Es decir, "que gane más el que más sabe, más capacidad tiene y ha pasado por los exámenes" y no el que "hurrea" para la lista tal o cual.

Entre estos últimos están quienes consideran que "en su época" era mejor. O porque no nos quedamos con la Reforma Educativa, que porque tenemos que cambiar.

Y aquí debemos decir que la Reforma Educativa que se generó a partir de 1993 con el advenimiento de la democracia y la Nueva Constitución de 1992, tienen resultados desastrosos que son visibles en cualquier parte de la sociedad.

Es una generación que se pasó llenando cuadernillos, y los docentes sólo cumplían con el protocolo de hacer pasar o debían hacer pasar a los alumnos, estando o no formados. Que cada padre le pregunte a sus hijos, sobre algo que a esa debería de saber su hijo y va comprobar mi argumento.

Cualquiera de nosotros que superamos los 50 años, podemos darle cátedra a una Docente salida de los Institutos de Formación Docente (IFD) actuales, de cómo se escriben las palabras. Y para ello, es cuestión de buscar una nota escrita por una Docente actual o acabada de formarse, y verán la cantidad de errores y horrores ortográficos que tienen. Aclaro de nuevo, no todos, pero en su gran mayoría.

Recordemos, que el modelo antiguo de Educación, el del "castigo sobre maíz o arroz" o el de "la letra con sangre entra" no es funcional para las fábricas.

De que te sirve latín, las Guerras Púnicas o la Astronomía en un montacargas o dentro de una planta maquiladora. Absolutamente nada.

Pero, convengamos que tampoco sirve lo que ahora aprenden.

Entonces, el problema no es el contenido nada más, es el docente, la infraestructura, el contenido y todo lo demás.

La Reforma Educativa en nuestro país llegó al nivel de la frase: "Un ciego que guía a otro ciego".

FORMACION Y CAPACITACION

"..., se necesita innovar en la generación de espacios, tiempos e instituciones que les ofrezcan a los educadores una formación que responda tanto a lo que hacen profesionalmente en el ámbito escolar como, también, a los nuevos conocimientos y saberes emergentes en el sector educativo, es decir, por una parte, es pertinente que los maestros y maestras se formen en los contenidos propios de aquello que enseñan, pero que, simultáneamente, tenga la oportunidad y las condiciones para formarse científicamente en saberes diversos, como puede ser, en artes, neurociencias, tecnologías, espiritualidad o deportes, por ejemplo" (3)

Hoy en día, los docentes tienen Jornada Sindical de Formación o Jornadas de Capacitación brindados por el MEC.

Me cuentan, que muchos docentes no hacen nada. Dos cosas, o no entendieron la capacitación o nadie enseñó nada y fue un día libre para "feisbukear", "guasapear" o "tiktokear".

Lo que me consta, es que a muchas de las Maestras y Maestros no les interesa en lo más mínimo la Transformación Educativa. Total, ya se jubilan en los próximos años.

Sin embargo, conozco docentes que fueron al extranjero a estudiar y capacitarse. Y, sin embargo, en el MEC no le hacen caso.

Eso tiene que ver también con la mediocridad de los Supervisores Regionales.

Muchos de ellos llegaron gracias a sus amigos políticos y en muchos casos ni castellano saben hablar correctamente.

Y cuando querés entablar una discusión sobre Pedagogía Educativa, te salen con el "Conductismo o Montessori"..., ha upéante oikua'a (Eso nomás sabe). Y si les planteas hablar de Paulo Freire o Indalecio

Cardozo, te miran como si fueses un extraterrestre.

FONACIDE y ROYALTIES

"En el proceso del PNTE, la evidencia generada por los estudios y consultas, mostró que en el Sistema Educativo Nacional es pertinente renovar el esfuerzo, estatal y social, en la generación de las condiciones que permitan garantizar y aumentar los recursos destinados a educación606. Para tal fin, se requiere avanzar en el fortalecimiento de un marco legal e institucional que respalde fórmulas transparentes de financiamiento presupuestario" (4)

Imagínense que los montos destinados por el FONACIDE y que en los municipios se usan para gastar en construcción, se reparte a las "constructoras de los amigos" vía licitaciones amañadas en las UOC de las intendencias.

Y ahí todos, incluidos los miembros de las Juntas Municipales hacen gárgara con el dinero de los niños.

O en las meriendas y almuerzos escolares que se licitan a mitad de año, casi siempre terminan en poder de los "amigos de las autoridades de turno", que luego le van a financiar sus campañas electorales.

Es cuestión de mirar en cada uno en los Municipios dónde termina o está el dinero del FONACIDE. O quien ganó las licitaciones.

La Transformación Educativa, también va tocar el FONACIDE y los ROYALTIES de alguna manera. Y eso no quieren los políticos de turno.

PENSAMIENTO CRITICO

Otro de los puntos, que considero afecta al stablishment político en el tema de la Transformación Educativa es que plantea un modelo educativo que genere el "Pensamiento Crítico". Y este sí es un problema no menor.

Si hay cuestiones que no se deberían de tocar en una sociedad es a "pensar libremente".

Los IFD están repletos de "conductismo".

Los políticos, los ortodoxos, los pastores, la iglesia y los stronistas no quieren discutir o criticar nada.

Pea la problema hina. (Ese es el problema)

En el fondo, formar docentes con "pensamiento crítico" es más perjudicial que cualquier ideología LGTBibzy o como se defina.

Eso es como abrir la "Caja de Pandorga", como dirían en las Voces del Olimpo, del recordado Helio Vera.

No discutir, no reflexionar, no pensar libremente, nos lleva lentamente hacia la mediocridad.

Esto mismo sucede, cuando se toman examen en el MEC a los Docentes y terminan bajando el puntaje. A partir de allí ya estamos hablando de mediocridad

PREBENDARISMO

"..., (en el MEC) ..., generaron una red prebendaria impresionante, igual o peor que los partidos tradicionales. No representa ningún cambio, no me representa, punto."

Esta es la herencia directa del stronismo. Y el sector educativo es el canal propicio para eso.

Y así funciona en época electoral.

En cualquier escuela, un o una docente pide cajas pollo para la institución. Esa persona, puede donar 2 o 3. Pero la docente se queda con una caja. Porque debe "ayudar" a su "cabaju" para que llegue a un cargo de político. Sólo de esa manera le van a poder ayudar a ser Supervisor o Supervisora.

Estas cosas suceden aquí en Hernandarias como en cualquier pueblito del interior del país o en la propia capital.

Y no es el único método.

A veces se trata de dinero en efectivo, de baldes de pintura, o focos para las salas de aula.

"En todos los espacios públicos, el cargo se ve como un espacio de ejercicio de poder verticalista. Ese poder es visto no como un servicio, sino como un favor que la hace a los demás "necesitados de su ayuda"."

Si tienen la posibilidad de ver una serie en NETFLIX, les recomiendo "La periodista" (5). Trata del valor que le dan los funcionarios públicos japoneses a su trabajo y el orgulloso que sienten al servir al pueblo.

Tienen beneficios que otros no tienen, pero es de acuerdo a su nivel. es o que se pretende con la Transformación Educativa en el Paraguay.

Sin embargo, el gran dilema surge cuando deben romper con su ética. Cosa en que Paraguay no existe, ni el compromiso de funcionario público y menos la ética en el trabajo público.

CONCLUSION

Hay que seguir leyendo y debatiendo. Nuestra sociedad por mucho tiempo se ha sumido en la apatía y en los males propios de una sociedad domesticada por los políticos de turno.

No debemos olvidar que cada niño que hoy no entra a la escuela, es un gran problema para la sociedad en el futuro.

Que un adulto incapaz de comprender un texto es alguien a quien cualquier persona puede engañar.

Que una sociedad con altos niveles de analfabetismo funcional es el caldo de cultivo para las organizaciones delictivas internacionales que se benefician de mano de obra barata.

Lo de GAY o NO GAY es un tema menor, pensando en el futuro del país.

Nadie en su sano juicio va permitir lo que los "anti transformación educativa dicen como verdad y es una tremenda mentira".

Así fue con la Pandemia, luego con el Covid, las Vacunas y ahora la Transformación Educativa.

Y aquí estamos muchos, viviendo aún, gracias a la ciencia y a la verdad. Y no a las "creencias" y las "mentiras".

Fuentes:

1. https://www.transformacioneducativa.edu.py/

2. Idem ant.

3. Idem ant.

4. Idem ant.

5. https://www.youtube.com/watch?v=dMr0dBkqZE8

TRANSFORMACION EDUCATIVA

Jueves, 14 de julio de 2022

INTRODUCCIÓN

"La concertación promueve la degeneración de niños" es una frase que vengo escuchando hace días, por aquellos que se oponen a la Transformación Educativa.

Supuestamente, el Ministerio de Educación y Ciencias (MEC), va implementar a la vuelta de vacaciones de invierno la Hoja de Ruta del Plan de Transformación Educativa como parte de un modelo globalista, cuyos creadores son parte de la izquierda "comunista" promovida desde la ONU.

Sin embargo, en el Paraguay actual, está Mario Abdo Benítez (Periodo 2018-2023) como presidente, y él es de la ANR (Partido Colorado) y no veo planes de izquierda en su actuar. Y este Plan de transformación Educativa se inició durante el gobierno del Ex Presidente Horacio Cartes (Periodo 2013-2018)

Pero como para estos divulgadores del miedo, que utilizan el mismo método del Ministro de Propaganda Nazi, Joseph Goebbles que decía "Miente, miente que algo queda", la verdad no importa. Lo que les interesa es generar miedo en la sociedad.

El objetivo de todos estos "agentes de desinformación" es utilizar las redes sociales con el fin de promocionar su propia "agenda de terror", desvinculando de la realidad y de todo lo que en la práctica la Transformación Educativa promueve.

Me pregunto: "Para que los técnicos del MEC, usaron el término "Transformación"?".

En una sociedad con 70% a 80% de analfabetos funcionales, era lógico que confundan transformación con transformismo o travestismo.

PATRIA POTESTAD

Para los "ANTI Transformación Educativa", el mayor mal de esta propuesta y de los Objetivos del Desarrollo Sustentable 2030 (ODS 2030), que también es cuestionado en diferentes ámbitos, es "quitar la patria potestad a los padres" y en palabras de ellos mismos, "inculcar a los niños la opción sexual, con el fin de convertirlos en homosexuales y travestis".

Para empezar, la transformación educativa NO admite ser pospuesta para las generaciones de niños y jóvenes del país que requieren de una educación de calidad y eso incluye la inclusión, en todos los aspectos.

No llevar adelante la Transformación Educativa, dejará a miles de compatriotas fuera del sistema productivo y social, y no les permitirá participar de la sociedad del conocimiento.

Para comprender, debemos partir de que la Educación Pública es del estado y la Patria Potestad es el otorgamiento que la "Ley" da a los padres para ser responsables por sus hijos.

Recordemos que podemos tener la "Patria Potestad" sin tener hijos. Por ejemplo, cuando somos tutores de niños adoptados, o por fallecimiento de ambos padres. Pero esto podemos discutirlo en otro momento. Porque detrás del concepto "patria potestad" hay violencias psicológicas y físicas, que fueron "normalizadas" por mucho tiempo. ("Hoy soy buena persona, porque me garrotearon cuando era niño" dicen algunos. Vaya amor de padres.)

Lo que el Estado hace, desde la ley, es garantizar que esa "Potestad" sea asumida atendiendo siempre a los Derechos del niño o de la niña, prevaleciendo el respeto a su dignidad como individuo y como persona. Educarlos en el amor y la verdad, la palabra, el dialogo y la razón. Es difícil, claro que lo es. Porque tratamos con personas, no con objetos.

Lo que se busca, en términos pedagógicos, psicosociales y educativos, es terminar con la violencia hacia los niños, que puede ser índole físico, psicológico e incluso sexual, muchos de los cuales ocurren en la familia o entorno familiar.

LOS EDUCADORES

Otro de los aspectos es que el Plan de Transformación Educativa incluye la "profesionalización del educador" lo que implica un mayor compromiso del estado.

Es decir, la Transformación Educativa va partir de la formación del Educador a través de las escuelas e institutos de formación docente, lo que permitirá, eso creemos, que habrá educadores menos fanáticos por sus religiones o ideologías y más comprometidos por una educación de calidad, participativa y plural.

El MEC es una máquina electoral afinadísima. Lo usó Alfredo Stroessner y todos los presidentes que siguieron.

Y así como en la Policía Nacional nadie se mete con la Mafia de los Comisarios, en el Poder Judicial con la Mafia de los Jueces o en el Ministerio Público con la Mafia de los Fiscales.

Así también, nadie quiere meterse con la Mafia de los Supervisores en el MEC, que, con anuencia de los Intendentes y Gobernadores, manejan la educación de sus ciudades y pueblos sometiendo a los docentes a los vaivenes de la política electoral.

Debemos de recordar que el Plantel Docente del MEC, en todos sus estamentos, tiene influencia directa en las familias de los niños, niñas y adolescentes del país.

Eso está visto siempre en épocas electorales. Los políticos buscan "congraciarse" con los Supervisores o Directores de Escuelas y Colegios para "asegurar" votos a sí mismo o actuando como operadores de otros candidatos, prometiendo mejoras de infraestructura.

Es por ello, que "liberar a los docentes" de las presiones políticas, implica un profundo cambio en términos electorales.

EL PURITANISMO SOCIAL

La educación, desde el Estado Paraguayo, debe ser laica y sin compromiso ideológico. Y creo firmemente, que es así. Salvo en Escuelas o Colegios donde se reza o se mencionan cuestiones religiosas en actos que deberían ser puramente laicos. Incluido el Parlamento o Municipios, donde aún se "bendicen obras" o "se reza para iniciar una sesión".

No hay educación más liberadora que aquel que define quien es su opresor. Que en muchos casos son los mismos padres. Pero la afirmación de que el oprimido sólo es el niño, es un error. Porque también el padre es oprimido por las fuerzas productivas.

La conciencia de oprimido, y la liberación por el conocimiento de la verdad. ¿Cuál verdad? El ser oprimido de diferentes formas, incluso por la religión. "¿Si te portas bien, Dios no te va castigar"; pero Dios no es Amor? ¿Porque Dios me quiere castigar?

CONCLUSION

Para comprender los planes y proyectos que componen la Transformación Educativa hay que leer, leer, leer y entender..., comprender..., analizar…, y mucho.

Y no podemos vivir fuera de ese mundo. Tendríamos que ir a vivir a otro planeta.

Como dijo la Ex-Ministra Blanca Ovelar "debemos aprender a redefinir la humanidad". Y Paraguay no está exento de esa redefinición.

En este país donde no hay políticas públicas a largo plazo, y donde todo lo define el Ministerio de Hacienda y los políticos de turno, es imposible planificar algo bueno.

Por eso es importante tomar la Transformación Educativa por lo que es, un Plan de Transformación de un modelo Educativo Nacional arcaico a uno más acorde al futuro, que de oportunidades a los niños, niñas y adolescentes de construir un mundo mejor que el que les dejamos.

El mundo, como decía Marshall Mc Luhan es una "aldea global". No estamos aislados, no vivimos en el mundo donde sólo existe un modelo de Familia, Cristiana, Heterosexual.

Por esto y mucho más, la Transformación Educativa NO se reduce SÓLO a cuestiones como la inclusión o el respeto a la diversidad.

Va mucho más. Por eso es importante leer, leer y leer.

¿QUE PAIS ALIMENTAMOS HOY?

Martes, 14 de junio de 2022

¿En su documental "Que país invadimos ahora?" el documentalista y afamado cineasta norteamericano Michel Moore, destaca el nivel de la calidad del almuerzo escolar en las escuelas de Francia.

En este material, Moore destaca no solo la calidad del almuerzo escolar desde el nivel inicial en Francia, incluso mencionando que hasta las escuelas más humildes de las campiñas francesas reciben el almuerzo de calidad, organizado por un Profesional (Chef Certificado) con la presencia de Nutricionistas Profesionales, Docentes, Padres y autoridades del Municipio Local, sino la "planificación detallada para llevar adelante dicho programa".

En contraposición, la "alimentación escolar" en nuestro país, deja mucho que desear.

Debemos de recordar que las licitaciones para conceder la "Merienda y el Almuerzo Escolar" siempre están llenas de obstáculos que no dejan lugar a dudas de que "lo último que importa" es la Salud y el bienestar de los niños en edad escolar.

Empezando por la calidad de los alimentos, desde las famosas "chipitas rompedientes", pasando por las "galletitas cementerio", o "las bananas mal pasadas" y esto, sin olvidar el "amaño en las licitaciones para otorgar a "los amigos de los amigos", nos dan la pauta de que "todo tiene un canal de autorización" en detrimento de los niños de este país.

En el Paraguay la descentralización no es fácil, porque "siempre priman intereses económicos, políticos y hasta partidarios", para hacer el trabajo mucho más difícil y que debería realizarse mucho antes del inicio de las actividades escolares.

En el día de hoy, a mitad del año escolar, con los exámenes a cuesta, el frío polar y las enfermedades respiratorias soplándonos en la nuca, la famosa "microplanificación del MEC para la alimentación escolar del 2023" se encuentra atrasada, por diversos motivos.

La "Microplanificación del programa de alimentación escolar" según el propio calendario administrativo del MEC, debería haber estado disponible antes del 31 de mayo del 2022.

Esto significa que no sólo se está atrasando la provisión del almuerzo escolar para el año 2023, sino que probablemente, estará supeditado a los vaivenes políticos electorales en ciernes.

Hagamos un análisis más minucioso y que probablemente, el padre de familia o la sociedad en general no conoce.

Para que un programa de alimentación escolar sea eficiente, y que inicie al mismo tiempo que el calendario de actividades escolares del MEC, es necesario llamar a LICITACION por lo menos 6 meses ANTES.

 Es decir, si queremos la alimentación escolar del año 2023 en tiempo y forma, se necesitaría iniciar el proceso licitatorio a más tardar el 1 de agosto. Y para ello, se necesita la MICROPLANIFICACION del MEC donde se establecen las escuelas que tendrán la posibilidad de recibir el almuerzo escolar y que todavía, hasta la fecha, no se encuentra habilitada.

Esta micro planificación es de exclusiva responsabilidad de la Dirección del Programa de Alimentación Escolar de la oficina central del MEC, quien luego será la encargada de realizar las verificaciones, controles y por sobre todo, el aseguramiento de la calidad del servicio prestado.

Pero si el propio MEC se atrasa en "su microplanificación" mucho menos se podría exigir a los municipios y gobernaciones que se hagan cargo a tiempo y calidad en la merienda y el almuerzo escolar para el año 2023.

Si bien es cierto que tanto los municipios como las gobernaciones son las encargadas de las licitaciones y el pago vía FONACIDE, ambas instituciones quedan pendientes a lo que el MEC haga en términos de procedimientos administrativos, permitiendo a los directores cargar las planillas a su debido tiempo.

O sea, no se puede poner la carreta delante de los bueyes.

Y si hoy, los municipios no pueden programar las licitaciones, es porque alguien no está haciendo su trabajo de manera eficiente.

La actual Directora de Educación Departamental del Alto Paraná, Mg. Ada Garayo y la Directora del Programa de Alimentación del Escolar, Lic. Andrea Fernández deberían dar prioridad a esta deficiencia burocrática, que no sólo destruye las esperanzas de la niñez paraguaya, sino que atenta contra sus derechos básicos de educación, en un ambiente sano y saludable.

Vea lo que es un país, mínimamente organizado como Francia, y compruebe con la realidad nacional.

NELSON CANO NO TIENE MORAL

Lunes, 24 de enero de 2022

El intendente de la ciudad de Hernandarias, Nelson Cano no tiene MORAL para los cambios que pretende realizar en la Escuela Municipal de Danzas de Hernandarias.

Una de dos:

- O el Intendente de Hernandarias es un hipócrita, testarudo e ignorante,

- O sus "asesores" son un montón de idiotas y chupamedias que no se atreven a decirle lo equivocado que está.

Para poner en contexto.

La Escuela Municipal de Danzas de la ciudad de Hernandarias es una institución que fue reconocida por el Ministerio de Educación y Ciencias en el año 1996, exactamente, hace 25 años.

Desde ese tiempo, viene formando profesionales en la Danza Folclórica y Clásica con el apoyo de la Municipalidad de Hernandarias. Muchas de las egresadas, tienen su propia Academia en la ciudad o ejercen la Docencia en Escuelas y Colegios "DEL ALTO PARANA" (Pongo en mayúsculas para que entiendan que no se restringen sólo a la ciudad de Hernandarias).

Todas las materias son dictadas por Docentes, en su mayoría egresadas de la propia Escuela y dirigida por la Directora Académica, Prof. Lic. Mercedes Lezcano.

La Directora Académica que no reduce su trabajo sólo a ser la "cabeza visible y la autoridad reconocida por el MEC" para dirigir la Escuela, es también la Profesora de Danza Paraguaya y la Coreógrafa del Elenco de la Escuela.

Otra vez, recalco, esta Escuela de Danza lanza Profesionales al mercado laboral.

En la semana pasada la ciudad de Hernandarias, propietaria directa de la Escuela Municipal de Danzas, amaneció con el llamado a "Selección de Directora y Docentes" para la Escuela.

De las miles de preguntas que se me cruzan por la cabeza, pregunto:

- ¿Quién evaluó la capacidad profesional de las o los postulantes?

- ¿Quién evaluó los documentos que acreditan a las o los postulantes?

Hasta aquí todo bien, podríamos decir, que es un tema académico.

Sin embargo, el más ridículo de los requisitos es que deben "ser de Hernandarias o residentes en él". La mayor tontería y ridiculez, de las autoridades Municipales actuales, de este y otros municipios. (En Minga Guasu y CDE, están con las mismas ideas)

La Municipalidad es la institución que apoya a la Escuela pagando los honorarios profesionales de la Directora y los/as Docentes y

ALQUILANDO el local para que las Niñas estudien y se formen.

Y todos sabemos que, donde circula dinero, hay ambiciosos/as. Y si a esto sumamos el fanático/as y el/la ignorante. Tenemos la trilogía perfecta que destruye todo. Es decir, las nuevas autoridades, habrán dicho: "Llamaremos a concurso y así ubicaremos a nuestras amigas y amigos en la Escuela de Danzas, upepe ningo ojerokýnte hikuai. (Ahí sólo bailan ellos) Y si no quieren les cortamos el salario y el apoyo. Ñande la ñamandáva (Nosotros mandamos)".

Y claro, en medio de esa estupidez que cranearon, ya tienen o debieron tener hace tiempo, a su candidata a Directora, Coreógrafa, Profesora, etc. Por eso llaman a "Selección" un sábado, luego viene el Domingo. Se deben presentar los documentos desde el lunes hasta el jueves. Es decir, las que van a ser las nuevas Profesoras y Directora, ya debían tener completas su carpeta y asegurada la promesa del Intendente.

Así funciona el prebendarismo y el clientelismo político.

Así funciona la mediocridad que mete a sus amigas y amigos a la función pública para cumplir sus objetivos políticos.

Me pregunto, y seguiré preguntando siempre:

- ¿Qué sabe el Intendente de Cultura, de Danza o de Folklore?

- ¿Quién es su Asesor/a en materia de Educación y Cultura?

Volviendo al "ridículo requisito" de que él o la candidata sea o viva en Hernandarias.

Pregunto nuevamente:

- ¿Cómo pueden crecer académicamente las alumnas si sólo restringen su formación a personas de una ciudad?

- ¿Dónde se formarán las Profesoras si no es fuera de la ciudad?

Además, creo que el primer requisito, fuera de toda duda, debe ser que la Docente que se postula a Directora, mínimamente debe ser formada o haber sido Docente de la propia Escuela Municipal de Danzas.

Esa persona no sólo tendrá la solvencia académica, sino también conocerá las dificultades que se tienen en la formación de las Niñas.

Algunas de esas dificultades, y solicitudes se solucionen, reiteradamente, por la Comisión de Padres y la propia Directora a los distintos Intendentes, son:

- No tener las instalaciones adecuadas para la enseñanza de la Danza.

- No contar con baños sexados.

- No contar con un local propio.

- No contar con iluminación, aireación e infraestructura mínima para el ejercicio de la danza.

Es decir, el Intendente de Hernandarias se equivoca al pretender reducir la "Formación Académica" a un cambio en el torneo de "pikivolley", donde podés cambiar jugadores a mitad del campeonato. (Muchas veces los organizadores de piki de barrio son más serios, que el Intendente, en su organización).

Por último, si Nelson Cano, tanto quiere reducir a que todos los profesionales de Hernandarias tengan trabajo y oportunidades, que restrinja el contrato de extranjeros en empresas privadas, que prohíba la compra de productos extranjeros en la ciudad, que limite la venta y circulación de vehículos extranjeros, que sancione a las empresas que tienen capital extranjero, etc.

Su falso regionalismo, que es más bien populismo barato, clientelar, prebendario y corrupto. Y aquí, "SU MORAL" no es digna de ser aceptada.

Si Don Carlos Antonio López hubiera decidido solo contratar paraguayos, nunca se hubiera traído a los Ingenieros Ingleses o

Arquitectos italianos. No hubiéramos tenido la Fundición de Hierro o el Ferrocarril, ni construido el Palacio de López o el cabildo.

Los que entendemos algo de política en serio, y no de politiquería, demuestra que es incapaz de ver más allá de lo que realmente es importante.

"Cambiar todo para no cambiar nada" es la frase que resume todo esto.

Como dice un amigo, cuando quiere indicar que la fiesta se acabó, y todo vuelve a lo anterior: "Jaharei jeýma hese" (Allá vamos de nuevo).

"CANO, CANO, CANO..., QUE MACANO"

Jueves, 24 de febrero de 2022

La nueva administración del Intendente de Hernandarias NELSON CANO hace de las suyas cambiando gente a "diestra y siniestra" y dejando entrar a la administración municipal a personas con escasa idoneidad y formación académica.

Unas semanas atrás, desvincularon a funcionarios y profesionales porque "no residían en Hernandarias" o por "alguna maniobra legal" para no mantenerlos en la municipalidad.

En algunos casos, han desvinculado a funcionarios con un extenso curriculum, bien formadas y capacitadas, que por motivos de salud han solicitado permiso y, aun así, los dejaron desprotegidos.

Su Nueva Administración, "llamó a concurso" -que es una forma de decir que "digitaron"- a personas que tienen una formación académica deficiente, y no está acorde a la exigencia para ocupar cargos que son delicados porque tienen que ver con la formación académica o ser personas formadas, cultural y académicamente, para trabajar en sus respectivas áreas.

Lo mismo ocurre en áreas sensibles como Acción Social, que reparte medicamentos donde fue "limpiado" para meter gente que no tiene preparación en farmacia o ser un profesional de la salud idóneo para el cargo.

Este punto, que es delicado, porque no sólo debe haber personal entrenado y capacitado, sino que la responsabilidad de interpretar una receta médica, conocer los componentes, entregar un medicamento, y que, al final, se intoxique – o muera- porque no puede diferenciar un medicamento de otro, es de suma gravedad.

Se sabe que, aunque había personas contratadas por la administración anterior, y por tiempo limitado, éstas estaban formadas en el área de farmacia o preparadas, participando de cursos de formación en laboratorios o recibiendo capacitación del Ministerio de Salud Pública y Bienestar Social.

Entre estas personas desvinculadas, por fenecimiento de contrato, había personas con años de experiencia en el rubro.

A la "nueva Administración" no le importa "la idoneidad y el mérito académico" porque debe colocar "a los amigos y las amigas" que trabajaron, arduamente, para la campaña del actual Intendente o en otros casos, son parientes del mismo Nelson Cano.

Es bien sabido que "los cargos de confianza" como de Directores y Jefes, deben quedar a disposición del nuevo Intendente al asumir el Intendente Electo, pero "la idoneidad para ocupar el cargo o la formación académica" debería de ser el criterio para contratar a esos nuevos directores o jefes.

Sin embargo, hay funcionarios que, en la Administración de Rubén Rojas, no siquiera tenía una función específica o en muchos casos eran "planilleros" y hoy fungen de Directores.

Por otro lado, ¿Qué hacen tantos Docentes Jubilados en Cultura? ¿Cuáles son las funciones que cumplen? Porque la cantidad excesiva de funcionarios en Cultura asignados a otras áreas?

Hay muchas cosas para cambiar, es cierto.

Pero me cuesta entender lo que está queriendo hacer.

La cantidad de familiares, amigos y conocidos del intendente o sus familiares, solo habla de un "tremendo nepotismo y prebendarismo político" que se está generando dentro del seno de la Municipalidad.

Según el informe de los 100 días de gobierno, fueron desvinculados y descontratados 183 personas y contratadas 95 personas, entre ellos los Directores, Jefes y cargos de confianza en su mayoría. Pero, la calidad de los "nuevos funcionarios", ¿cómo fue probado?

Según fuentes anónimas, hay personas en el entorno del intendente que mueven los recursos humanos a su "antojo y paladar".

Dicen estas mismas fuentes, que la "Verdadera Primera Dama", no es la que dice el Intendente que es la Primera Dama. Y esta primera dama pisa muy fuerte, porque está organizando su propio equipo político dentro de la Municipalidad, con la ayuda de algunos concejales del movimiento Unidos por el Cambio. ¿Será verdad o mentira? No lo sabemos.

En conclusión, cuando veo las publicaciones del Departamento Prensa de la Municipalidad de Hernandarias que muestran el día a día de las gestiones, firmas, acuerdos, convenios, días de gobierno, visita a los barrios, fiscalización de obras, etc., que realiza el Intendente Nelson Cano, me deja maravillado la capacidad que tiene.

Aparentemente, se ha elegido al mejor "administrador de los bienes públicos".

Ahora bien, pregunto: "¿Hay capacidad técnica y profesional para llevar adelante todos estos convenios, acuerdos y firmas o solo es parte de la campaña política que sigue campante en el seno Municipal?"

Por suerte, la Ley N° 5282 del Libre acceso ciudadano a la Información Pública y Transparencia Gubernamental permite solicitar datos administrativos y evaluar el desempeño de nuestras autoridades y "sus funcionarios" sin necesidad de consultar con la administración.

Ya veremos las primeras rendiciones de cuentas de esta "nueva administración" en marzo, cuando reporten los primeros movimientos de salarios y gastos realizados.

Nos vemos en marzo.

11% DE AUMENTO VERSUS 10 DIAS NO TRABAJADOS

Viernes, 29 de octubre de 2021

La huelga de Docentes a nivel país en reclamo de un aumento del 16% en sus salarios por rubro, es necesario y hasta reconocible, si no se dieran ciertos aspectos que demostraron que "no todos deberían recibir el aumento".

Mis argumentos, expresados en muchas ocasiones a los propios docentes, amigos y conocidos de todos los sectores, es que "no todos los que reclaman el aumento lo merecen, porque no todos tienen la misma capacidad y mucho menos han demostrado tener la formación suficiente para enfrentar situaciones que exigieron la pandemia y el encierro".

En años anteriores, cada viernes o miércoles, sino era una vez al mes o cada 15 días, se suspendían las clases porque eran días de "jornada de capacitación o jornada sindical".

Perfecto, todos los padres -con algunos reparos- esperábamos que dichas "jornadas dieran sus frutos en la capacitación docente para mejor formación de nuestros hijos".

Llegó la pandemia y se desató el CAOS.

Toda la educación paraguaya fue a "clases virtuales", es decir, todos debían usar herramientas informáticas para pasar lecciones, enseñar a los alumnos y evaluar el aprendizaje de los educandos.

Ahí nos dimos cuenta, que muchos docentes ni siquiera sabían dónde se encendía una computadora. Sin embargo, eran muy buenas comunicándose por chat de WhatsApp. Más aún si vivían su vocación entre la docencia y la política.

Y los docentes protestaban, en redes sociales, en transmisiones del MEC, y algunos argumentos que se escucharon fueron: "el MEC no está preparado", "las lecciones estaban mal", "vamos a morirnos nomas luego", "el ministro (en aquel momento Eduardo Petta) es un inútil", "es un payaso", "no sabe nada", "solo le persigue a los sindicatos", "no tenemos wifi", "quien va pagar mi wifi", "los niños no entienden lo que se les envía", etc.

Muchos tenían razón, porque no es lo mismo una escuela de Asunción, capital de la república y otro, del departamento de Boquerón, en el inhóspito Chaco. Una escuela de Hernandarias (centro urbano) o de la colonia Fortuna, donde con un viento fuerte, se corta la energía eléctrica.

Es decir, nadie estaba preparado para la pandemia. Ni el gobierno y menos la población. Sin dejar de mencionar que nunca "Salud y Educación" fueron prioridad para los parlamentarios o autoridades municipales. Y es paradójico, porque las promesas electorales en las campañas para Concejales o Diputados siempre giran en esos ejes temáticos.

Hasta hace unos días, era uno de los fervorosos defensores de la "incapacidad de los docentes" de asumir un reto tan grande como el de llevar las clases presenciales a las virtuales y estuve de acuerdo, con que se suspendan las clases en todo el 2020, hasta que todos estén vacunados (Docentes y alumnos).

Pero como decía un jefe "cuando tenés vacaciones, es cuando se dan cuenta de tu importancia en la empresa". Y ahora que todos los docentes debían demostrar "su aprendizaje de las famosas jornadas" nos dimos cuenta que muchos eran "analfabetos tecnológicos funcionales".

Es decir, estalló la realidad como una bomba en la cara de los propios docentes y autoridades del MEC.

Esto mismo sucedió con el personal de blanco, (médicos, enfermeras, terapistas, etc.) que todos los años -como ahora- reclamaban y reclaman un mejor salario para el trabajo que realizan.

Los exámenes del MEC que se hacían cada año para concursos y acceso a rubros, ya nos demostraban el nivel de formación de los maestros y maestras del país.

Y ahora sabemos que "familias enteras de políticos" están viviendo a costillas del estado, porque consiguieron entrar sin concurso o con "ayuda de tal o cual diputado o senador".

Nuestro país se desangra por todos lados, y la culpa es de los políticos.

En estos días, el MEC anunció que iba a descontar a los Docentes por los días que estuvieron en huelga. Una docente, me dijo que es mucho. Y tiene razón.

Son casi G. 899.965 por rubro, si consideramos 10 días de huelga. Y en dos rubros, que es lo que cobra un docente promedio son G. 1.799.929, a ser descontados.

Sin embargo, al haber un aumento, sólo del 11%, (los docentes pretenden 16%) eso lo recuperan en menos de 1 año (G.5.183.808 sólo por el aumento del 11%) y si un docente trabaja 20 años más, la diferencia entre el descuento por esos 10 días no trabajados y el aumento del 11% por el resto de los años trabajados será de G. 153.714.611.-

Personalmente, creo que las huelgas son importantes para reivindicar los temas laborales, pero los docentes, así como exigen aumentos, deberían de estar a la altura de la formación y capacitación de la que tanto hablan.

Muchos docentes, deben tener aumentos, incluso mayores, pero hay docentes que no merecen ni el 1%. Se han aplazado en formación, compromiso y vocación con la educación paraguaya.

Fuente: https://datos.mec.gov.py/data/nomina_docentes

"EL GUARANÍ NOS NECESITA"

Lunes, 28 de diciembre de 2020

La vida está llena de sorpresas. Aunque muchas de ellas no sea sorpresa para otros, porque reman hace tiempo en las aguas del conocimiento del idioma guaraní. Para mí, que no soy un asiduo guaraní hablante, pero sí un admirador de los que hablan el idioma, me tocó participar en el acto de clausura del Año Lectivo 2020 de la Academia de Lengua y Cultura Guaraní de la Regional Iturbe-Guairá.

Mi presencia, fue fortuita. Mi madre, la Maestra Antonia Esther López Vda. de Benítez fue Madrina de Honor, junto a la Maestra María Concepción Gallinar de Rojas y el Intendente de la ciudad de Iturbe, Ingeniero Darío Cabral.

La acompañe, en principio, sólo para tomar fotos del acto en sí y documentar el trabajo que realizan de manera silenciosa en este pueblo, donde Augusto Roa Bastos sentó sus mejores relatos literarios.

Llegamos cuando estaban terminando las Defensas de Tesis para adquirir el grado de Magister de las alumnas del Ateneo de la ciudad.

Cuanto más escuchaba, aunque a veces no entendía todo lo que decían, más me emocionaba saber que soy un extranjero en mi pueblo. Pero mi emoción no era de alegría, era de tristeza. Tristeza interna. Porque me di cuenta, que nos falta mucho como sociedad, para entender lo complejo de mantener nuestra cultura ante el avance de lo foráneo, de lo extranjerizante, de lo externo a "lo nuestro".

El trabajo que realiza el Ateneo de Lengua y Cultura Guaraní, es una batalla titánica para mantener el idioma que "nos hace pueblo", o como diría Mons. Saro Vera, un autor poco leído en su libro "El Paraguayo, un hombre fuera de su mundo", "lo que nos hace tribu".

Me quedé maravillado por el trabajo de la Dra. en Lengua Guaraní Castorina González de Vecca, Directora de la Regional de Iturbe y los docentes del Ateneo que, a pesar de la Pandemia, lograron egresar a Licenciados en Lengua y Cultura Guaraní y, no sólo eso, traer a la ciudad de Iturbe la Maestría en Lengua y Cultura Guaraní, con dos nuevas Magister formadas en la Academia.

En el acto, participaron el Doctor Federico González Escobar y la Doctora María Antonia Rojas Aranda, miembros del Ateneo de Lengua y Cultura Guaraní en representación del Dr. David Galeano, quien, por motivos de salud, no pudo participar.

Ver la pasión con que presentan sus trabajos, con que se dedican a fomentar el estudio de la Lengua y la Cultura Guaraní es admirable desde todo punto de vista.

Me consta, el trabajo que viene realizando el Dr. David Galeano, con cultores de la Lengua entre los que estuvieron el recordado, Don Félix de Guarania y muchos otros que siguen bregando por darle el estatus de "lengua oficial" a una lengua, que en los papeles es oficial, pero en la práctica "siempre quiere recibir el puñal de la muerte como idioma". ¿Cuantos parlamentarios, políticos o empresarios, incluidos docentes y profesionales, cuestionan la "utilidad" y ni siquiera hablan el idioma guaraní? Pero "ha'e patriota" (Él es patriota).

El paraguayo quizás, como colectivo humano, no necesita de una lengua para existir. Pero un ciudadano paraguayo no puede negar que hablar o comprender la lengua guaraní es clave para entender nuestra idiosincrasia y lo que nos hace diferente de otros pueblos.

Muchas de nuestras costumbres, "que no tienen nada de otra nación", vienen de la cultura y el habla guaraní. Una cultura que lo vemos marginada en el campesino, en el agricultor de tierra adentro, en las esquinas de las calles, donde "miramos a otro lado, a los indígenas que mendigan en los semáforos", pero nos golpeamos el pecho "cuando gana la albirroja".

El guaraní no es bien visto en ciertas clases sociales y económicas, y siempre salen con el discurso de "el guaraní le atrasa al niño", "de que te sirve el guaraní en el extranjero", "el guaraní no te sirve, el inglés sí", etc. Incluso conceptos como "karai ñe'e" (Lenguaje del Señor), para el castellano, y "ava ñe'e" (Lenguaje del indígena), para el guaraní, ya son excluyentes en la mente del paraguayo; otorgándole al primero el estatus de "serio, superior, de abolengo" y al segundo, "informal, inferior, reducido".

Por otro lado, hay personas que con cierto sesgo de "chauvinismo o snobismo" creen que hablando en guaraní tienen más poder o serán más aceptados. Lo que le permite, según su creencia, en ser un "inmune ante la ley", justificándose de que "estamos en Paraguay", "ha ko'ápe ore la romandava" (Aquí nosotros mandamos), o utilizando "frases en guaraní" para denostar contra su propio compatriota.

La lengua y la cultura guaraní, y más aún el trabajo que realizan los del Ateneo, merecen ser reconocidos y darles el apoyo que merecen al esfuerzo que llevan adelante.

Un trabajo silencioso, con una profundidad de tierra adentro. Como me dijo uno de los asistentes, las regiones donde más egresados hay, o había, hasta antes de la Pandemia, son Alto Paraná, Caaguazú, etc.

En ciudades como Iturbe, donde han tenido el apoyo de Intendentes, desde el recordado Don Víctor Alfredo Bastos, Concejales Municipales y Docentes con vasta experiencia académica, que se esforzaron en ponerle en la ruta de la "Formación Académica Terciaria", -y agrego yo, con estatus "Universitario"- como opción para los que terminan la Secundaria es clave para ganar ese espacio en la ACADEMIA, y es un privilegio ver su trabajo realizado.

Hago un llamado al Poder Ejecutivo, y a las autoridades de las ciudades del interior del país, a que sigamos promoviendo el rescate del arte y la cultura guaraní, en todas sus facetas, porque de la lengua se encarga el Ateneo.

Para finalizar, dejo éstas palabras dichas por el Doctor Federico González Escobar, mencionando al Dr. David Galeano, "Nosotros no necesitamos del guaraní, el guaraní nos necesita"

CUANDO LA POLITICA ATACA A LA CULTURA

Jueves, 14 de mayo de 2020

El balance de la administración de Rubén Rojas sigue sin ser aprobado por la Junta Municipal. Hay muchas desprolijidades en el manejo del dinero público y la cantidad de funcionarios contratados por la administración Rojas excedió todos los límites de los recursos municipales.

Antes que generar ingresos y reducir gastos, el Licenciado Rojas, al inicio de su administración convirtió la municipalidad en el lugar donde "encontraron trabajo" la mayoría de sus dirigentes políticos y colaboradores partidarios. En la mayoría de los cargos de confianza fueron hurreros y dirigentes de seccionales y subseccionales que lo único que sabían hacer es "pasar papeles o arrear personas".

Al mismo tiempo, y por precaución, repartieron dinero a diferentes Medios de comunicación de la ciudad, gracias a "parentescos familiares y amigos", incluyendo a locutores y locutoras de "la Radio del Comisario" en la planilla de salarios, como Asesores de Prensa o colaboradores.

Dinero público para callar los hechos de corrupción.

Muchas cosas más se descubrieron gracias al trabajo de la ONG Reacción y que nunca tuvieron respuesta del ejecutivo municipal como, por ejemplo, la no rendición de cuentas de FONACIDE y ROYALTIES.

Sin embargo, vino el Coronavirus (COVID-19) y empezó la debacle.

Y los recortes.

Como siempre, la política atacó a la cultura.

Una de las primeras áreas que sufrió recortes fue la Dirección de Cultura, siendo la más afectada la Escuela Municipal de Danza que es una institución con categoría ministerial. Es decir, las bailarinas salen como profesionales y se les habilita en la docencia. Recordemos que casi el 99% de las Profesoras de Danza y bailarinas profesionales de la ciudad de Hernandarias se formaron en la Escuela Municipal.

Y como siempre, cuando la corrupción impera, los primeros recortes se dan en áreas que tienen que ver con la cultura, los deportes o las humanidades, en general.

Es un error, porque cultura es lo que no debemos dejar de promover en estos espacios confinados de aislamiento social.

Sin embargo, el dinero sigue fluyendo hacia los Medios de Comunicación de la ciudad para acallar el mal manejo de los recursos.

Pregunto: "¿Cuántos hurreros fueron quitados de la Municipalidad? ¿Cuántos operadores políticos? ¿Cuántos dirigentes colorados o liberales aliados de Rubén Rojas y concejales?"

Lo único que sé, es que "excelentes profesoras y profesores de la Escuela Municipal de Danza" están ahora sin trabajo, dejando sin posibilidad a las niñas y niños de la Escuela de poder seguir una carrera profesional. Y no hago solo un reclamo por Danza, también en música, porque luego del escándalo del "profesor avivado que lucraba con sus alumnos", Rubén Rojas no hizo lo suficiente para comprometerse con la cultura.

Perder una institución de categoría ministerial que ha formado profesionales por casi 25 años es perder un baúl de tesoros inmensos.

Es hora de ver prioridades y decidir en consecuencia.

El Licenciado Rubén Rojas, que fue actor de teatro en la UNE, debe analizar y rever de manera urgente ésta decisión.

Lo digo como padre, como ciudadano y como un defensor de nuestra cultura.

EL FUTURO ES AHORA Y ESTAMOS APLAZADOS

Sábado, 18 de abril de 2020

En estos últimos días la educación paraguaya pasó por el análisis, no solo del Ministerio de Educación y Ciencias, sino preferentemente del sector Docente.

Desde que se activó la cuarentena en el país, sucedieron varias cosas, desde el punto de vista educativo.

Por un lado, la suspensión inmediata de las clases en escuelas, colegios y Universidades, sean estos públicos o privados, y la alegría de muchos docentes por las "pequeñas vacaciones pre semana santa" que pensaban iba a acabar el 12 de abril.

Por otro lado, el método pedagógico a implementar en estas "mini vacaciones".

No había plan, estrategia o teoría educativa que pueda ser aplicada en circunstancias como la Pandemia del Covid-19.

Los docentes de primaria, empezaron recurriendo al WhatsApp para enviar las lecciones a los alumnos. Otros se ingeniaron con audios, luego aparecieron los vídeos y al final, ya se hacían clases virtuales a través de diversas plataformas como Zoom o Classroom. Todo esto en menos de 30 días.

Pero el mayor problema vendría después.

El ministro, en un afán de dar el peor escenario, hablo en un medio capitalino de que "las clases presenciales ya no volverán" por lo que queda del año.

Y ahí, todos pegaron el grito al cielo. Muchos docentes de escuelas y colegios privados, que tienen menos ingresos asegurados que los del sector público, empezaron a sentir los recortes en sus "jornales". No podemos utilizar la expresión salario, porque es más bien el pago por jornada laboral. Es casi como trabajar a destajo.

Bien. Las clases pasaron a ser más exigentes en la preparación que en la ejecución de las mismas. Esto complicó a muchos de ellos, que ni siquiera saben elaborar un Power Point y mucho menos hacer una Webinar.

Aquellos que estaban acostumbrados a elaborar sus clases sobre papel sulfito, debían empezar a conocer dónde queda el botón de encendido de una computadora.

A muchas y muchos, no les quedo claro nunca las lecciones sobre "tecnologías educativas" en el módulo "TICS en la educación" de las carreras de "Didáctica" que se enseñaban en los institutos de formación docente y que aplicar eso era para países ricos.

Bueno. Un virus nos puso a todos al mismo nivel. Ricos y pobres, recluidos en sus casas, deben buscar la manera de seguir con el proceso de formación de sus hijos. Pero en muchos casos, los docentes no están preparados para los cambios que se exigen.

La sociedad del conocimiento está al alcance de las manos. En un smartphone, uno puede aprender lecciones que puede llevarnos una vida entera. Hay tutoriales, clases ya desarrolladas por pedagogos y maestros hace mucho tiempo.

Un amigo recordaba que en su época había una biblioteca virtual llamada ENCARTA..., yo también llegue a usarlo. Era un disco, donde se tenia mucha información, vídeos, fotos, canciones y se vendía con grandes enciclopedias, puerta a puerta.

Era el conocimiento al alcance de las manos, antes de que apareciera internet.

Pero muchos docentes, ni siquiera eso aprendieron a usar.

Hoy, se debate el modelo de educación que se debería de aplicar en este país.

Tanto el Ministerio de Salud, como el de Educación y Ciencias siempre fueron "las agencias de empleo" de los políticos, sean colorados, liberales o del color que sea.

Las universidades privadas, abrían carreras de medicina, enfermería, obstetricia y otras especialidades, en cualquier garaje de vecino, con la finalidad de recaudar y enriquecer a los dueños.

Las escuelas e institutos privados de formación docente, formaban en base a sistemas pedagógicos autoritarios, sin tener en cuenta nuevas tendencias.

Por eso, en estos días en que el país se debate entre la salud y la educación, nos damos cuenta que los políticos nos han robado el futuro. Si, ese futuro es ahora. No tenemos, salvo casos excepcionales, buenos docentes para adaptarse a los cambios que se vienen.

No tenemos profesionales metodólogos que indiquen el camino a seguir.

Todos están esperando que "ocurra el milagro" de encontrar la vacuna contra el COVID-19, para volver a la "normalidad" de escribir en la pizarra la lección del día, que el alumno copie y no proteste y cobrar a fin de mes el salario.

Me pregunto, ¿dónde quedaron las "jornadas de capacitación docente" que cortaban la semana educativa?

Las jornadas sindicales, ¿para qué fueron útiles? ¿Para mantener los privilegios políticos? ¿Para organizar las próximas elecciones?

La Educación y la Salud son derechos inalienables del hombre y el ciudadano.

Y sin ellos, con buenos recursos y un gran compromiso ciudadano de control, estamos condenados a morir como nación. La riqueza de cualquier país es su gente.

No hay otra riqueza mayor, si no la cuidamos dándole un buen sistema de salud y una excelente formación académica. Sin estos dos pilares estamos condenados a vivir en la más absoluta pobreza.

CIENCIA INVISIBLE

Jueves, 26 de diciembre de 2019

Hace tiempo, vengo leyendo y escuchando, desde distintos actores académicos, científicos y empresariales, que las ciencias en Paraguay están en sus primeros niveles de investigación y conocimiento, y que no hay ciencia para el desarrollo del país.

Que todo está por hacerse, y que no hay verdadera investigación, salvo esporádicos "intentos" que nacen en las instituciones universitarias y en el ámbito privado. Que todo es puro "bla, bla Marxista".

Sin embargo, está muy alejado de la realidad.

Hace unos días, fallecía Bartomeu Melià, un gran investigador y pensador español que vivió en Paraguay haciendo ciencia, y de las mejores, porque nos ayuda a conocernos como paraguayos. Y como él, hay genios vivos, a quienes no mencionaré para no ser injusto con nadie, y que en este país están haciendo ciencia e investigación con mucho esfuerzo. Estos investigadores, con sus trabajos, aportan a las Ciencias Sociales, Políticas, Históricas, Filosóficas, etc., y lo hacen, por fuera del financiamiento del Consejo Nacional de Ciencias y Tecnología (CONACYT).

Muchos de ellos, no todos por una cuestión de tiempo, fueron entrevistados en Generando Filosofía Radio, por Ñacurutu News Radio Online, cuyas voces fueron registradas en el libro "RESONANCIAS, Pensamiento Latinoamericano" y han revelado todos los trabajos en los que están involucrados, así como probables proyectos de investigación a realizar. La Ciencia no depende de dinero alguno, pero ayuda al investigador a sobrevivir.

Desde Cecilio Báez, Serafina Dávalos, Ramón Indalecio Cardozo, León Cadogan, Branislava Susnik, además de muchos otros paraguayos y extranjeros han estado haciendo Ciencia, fuera de las instituciones y mucho antes de la creación del CONACYT.

Por el lado de la investigación privada, fuera de las Ciencias Sociales, me consta como las multinacionales del agro, las hidroeléctricas y algunas empresas privadas llevan adelante financiamiento de sus equipos de Investigación y Desarrollo (l+D) para beneficiar a sus negocios y financiando con capital privado. No hay duda de que esto también es ciencia. Pero, lógicamente, sus investigaciones, compartidas en cierto modo dentro del ámbito académico, es directamente proporcional al valor económico que ese descubrimiento puede otorgarles como rentabilidad en sus negocios. Es decir, cuánto más beneficioso sea para la empresa, menos posibilidades hay de que sea llevado al ámbito académico y que ese dato sea "público y accesible" para todos. Y no está mal, no estoy cuestionando el interés del lucro detrás de este tipo de ciencia.

¿Por qué hago ésta introducción?

Porque he leído que "el marxismo" se ha apoderado de las ciencias en Paraguay y que el CONACYT es un espacio para repartir dinero solo a organizaciones "marxistas".

Tal es uno de los argumentos para "designar" a un representante del empresariado como miembro del CONACYT.

He leído todo lo que pude sobre los argumentos a favor y en contra. Pero es claro que los empresarios no están de acuerdo con poner dinero en investigaciones que salgan contra los intereses económicos que ellos representan. Sea en el ámbito del agronegocios, la ecología, la sociología o la economía, donde siempre será una cuestión de intereses y perspectivas.

Hacer Ciencias no es difícil, lo verdaderamente dificultoso es integrar el "Círculo Rojo" de los eruditos y beneficiados con el dinero que la sociedad pone para investigar.

En nuestro país, con un índice bajo de lectura comprensiva, incluida la academia, no es nada raro que esté sucediendo la "mercantilización de la ciencia". Debemos superar la idea de que "si no me beneficia, no es negocio".

El conocimiento financiado con dinero público, no puede ser propiedad privada, ni manejado por intereses privados. Debe ser manejado por científicos y gente que tenga la capacidad para ampliar el horizonte de conocimiento.

Considero que las grandes empresas deberían financiar I+D en las Universidades Públicas y Privadas, pero no pueden "lucrar con ese conocimiento".

Hagamos Ciencia, pero no lucremos con ella.

CELESTE, CELESTE.

sábado, 16 de noviembre de 2019

> *"Ay de mi llorona. Llorona de azul celeste. Y aunque la vida me cueste llorona. No dejare de quererte. No dejare de quererte."* (Marco Antonio Solís y Angélica Vale. Sountrack De La Película Coco)

No dudo de que los Educadores en Paraguay necesitan un mejor salario y deben ser recompensados por ello.

Sin embargo, la formación de los docentes, en los últimos tiempos no es del todo satisfactorio.

He visto, no me lo han dicho, escritos de docentes con errores y horrores en la redacción, una expresión oral lamentable y un fanatismo político y religioso que se acerca al "fundamentalismo".

De todo lo que dijo Celeste Amarilla, en cierto sentido tiene razón. Hay docentes, varones y mujeres" que son "burras y burros".

Muchos nunca han leído un solo libro en su vida. Y si lo hicieron, fueron forzados a ello por el sistema educativo del MEC.

Muchas y muchos no tienen capacidad de análisis. Se quedan con la opinión de tal o cuál persona, y no analizan los distintos aspectos que convergen en la realidad social.

Les agrada ser chupamedias ante los supervisores, directores o ministros y otros peor aún, ante los dirigentes partidarios de las seccionales, comités o célula política.

Aspiran a cargos dentro del MEC, para controlar a sus colegas o manipular y manejar los ingresos en las instituciones educativas.

El prebendarismo y el clientelismo político se han enseñoreado en el MEC y por eso estoy de acuerdo con la diputada Celeste Amarilla, que desnudó este aspecto de la docencia en Paraguay.

Muchas y muchos entraron a formar parte del plantel docente del MEC solo para cumplir horario, llenar formularios y reclamar un aumento de salario. No aportan nada nuevo a la Educación Nacional.

En el sector privado, el sistema educativo no es diferente al publico. Solo que allí, no hay sindicatos y el salario es menor, salvo raras excepciones.

Las escuelas y colegios privados, incluidos los subvencionados, son máquinas de hacer dinero, y formar una generación elitista que discurre su vida entre quien tiene el mejor uniforme y cuál es la mejor infraestructura edilicia.

Algunos tienen aula de informática, robótica o clubes de ajedrez y eso hace diferencia en una sociedad altamente tecnificada.

Pero sus docentes son, en muchos casos, los mismos que enseñan en las escuelas públicas.

La diputada Celeste Amarilla menciono que, muchos y muchas, ingresan al escalafón docente sólo para reclamar aumentos salariales. Y es a esto que me refiero con decir que nada más aportan a la Educación Nacional.

El resto es lectura comprensiva.

EDUCACIÓN SUPERIOR II

Jueves, 19 de septiembre de 2019

El mayor problema de la Educación Superior es la mercantilización de la Docencia. Agregaría incluso que la Educación en general. Porque también en la primaria se siente este mismo fenómeno, aunque ahí ganan mucho mejor

Acuérdense, van a salir los profesores de la UNE a decir que, por ese salario, no se puede hacer milagros. Y es cierto, porque mientras algunos reclaman sobre el recorte presupuestario, los únicos que hacen milagros son los que ahora están en Europa paseando y disfrutando de sus privilegios.

El docente y el alumno no son mercancías en el proceso de la educación.

Son dos elementos diferentes, pero que se complementan. La verdadera mercancía en la educación es el conocimiento o las formas de adquirir el conocimiento. Y eso es caro, aunque ahora ya no tanto. Hay universidades donde los docentes dan sus clases vía web. Y se hace todo Online, se reducen costos, pero se paga buen salario.

El docente debe aportar conocimiento y trabajos de investigación. Sin embargo, con salarios paupérrimos esa realidad es distinta.

No se puede siquiera comprar libros para leer. La Universidad tampoco tiene una biblioteca en forma, no porque no haya recursos, es porque los Directivos no saben que libros se deben comprar para estar actualizados. No consultan, no saben y no les importa.

Pregunto, ¿cuántos libros publicaron los docentes de la UNE?

¿Qué investigaciones hicieron?

¿A qué Seminarios o Conferencias fueron invitados como disertantes?

Es claro que muy pocos docentes de la UNE están preparados para esto. Hay docentes que no pueden hilar dos oraciones juntas y que tengan un sentido académico. Hay profesores que nunca van a saber lo que es estar ante un auditorio con Doctores en Docencia.

La UNE, quizás haya mejorado en algunas cosas, como que la edad de los Docentes es más acordé a los tiempos modernos. Son más jóvenes, pero, en algunos casos, traen los mismos males. Solo conocen el prebendarismo, el clientelismo político y la corrupción.

El problema de las investigaciones sobre la realidad de los Docentes en la UNE y que implique la ética, será rechazada de plano por los Directivos.

Había un amigo que me decía: "No hables tanto, porque se nota mi ignorancia".

Y es paradójico, aunque no es extraño. Porque no debía de pedir mi silencio, sino aprovechar para aprender, y no porque yo lo diga. Sino porque se aprende de todos y en cualquier momento.

Sin embargo, ese es el argumento de los mediocres ante los que tienen algo que decir: "Ekirirí, eñe'embareíma hina" (Cállate, estás hablando sin sentido)

Es el mismo concepto que se tiene del trabajo. Un intelectual en Paraguay es considerado un haragán. Sin embargo, un estibador o un pasero de contrabando es "guapo".

Un corrupto es un genio porque "Oaprovechá" (Ha aprovechado).

Y el que es honesto es un "vyro" (Sonzo).

Son conceptos que debemos eliminar de nuestras cabezas, pero luego vemos a una Soledad Núñez ir a Oxford, a un Santiago Peña o un Federico Mora y les criticamos por haber estudiado en Universidades de primer mundo. No recuerdo si fue Aristóteles o Platón que dijeron que "los gobiernos deben tener, algo de democracia, dictadura, aristocracia y monarquía. Pero el gobierno debe ser de los mejores."

Nuestra sociedad debe cambiar el paradigma de aprendizaje y de discusión de los temas importantes. No debemos llevar las discusiones hacia el lado personal. ¿Por qué un Ricardo Canesse no es Ministro de Energía? Porque ponemos sesgos a nuestras decisiones. Y esto ocurre en todos los ámbitos. Pero en la academia, no debería ser así.

Ahí no deben importar a qué partido o ideología pertenece. Yo estaría de acuerdo que sacerdotes sean docentes, pero de la talla de un Bartomeu Meliá por decir uno solo nombre. Alguien que no va a pedir que profesor la religión católica para que "seas gente".

O que no va medir tu moralidad por el largo de tu pollera. Esas tonterías ridículas de la Edad Media, debemos de superar.

Bueno, usaré por mí mismo otra frase: "Ekirirî, ejapijeyma otro lado"

EDUCACIÓN SUPERIOR I

Miércoles, 18 de septiembre de 2019

Pienso, que se debe sanear la Universidad. Quitar los muertos y depurar el plantel de la UNE. Hay gente valiosa, pero que no tiene espacio para crecer porque la "mediocracia" tomó las riendas. No digo que este fenómeno ocurra en todos los estamentos, pero sí en gran parte del área Docente y Administrativo de las Facultades y el Rectorado.

Nuestra Universidad no ha acercado, que yo sepa -y puedo estar equivocado- un solo proyecto sustentable de reactivación económica de CDE. Un Plan de mitigación del efecto invernadero en la Región, un trabajo sustentable de acompañamiento metodológico en Instituciones de Enseñanza Primaria o Secundaria e incluso, Educación Superior. Nada ha salido de un Plan Estratégico con trabajos de Investigación que sean financiados y que generen un aporte significativo a la sociedad.

Cada Facultad hace lo que sabe, lo que puede y lo que cree, pero no hay una "Sinergia Universitaria".

A esto se debe unir acciones que mitiguen la deserción Universitaria, la baja calidad de los egresados o la falta de oportunidades para los docentes que sí están preparados. Si esto no ocurre, es que los recortes serán terribles en los próximos años.

En las universidades privadas, no se paga bien. Las mismas son máquinas de hacer ganar dinero a sus dueños, no fomentan el espíritu crítico y encima, violan todos los principios de soberanía del conocimiento, porque algunas traen profesores del Brasil para enseñar a los brasileños que están aquí. Que luego van a Brasil y se burlan de ellos porque se recibieron en Paraguay. Esa es una realidad. La UNE, UNICAN o la UNI no hacen nada sobre esta colonización sociocultural que hacen sobre nosotros.

No es un falso nacionalismo, es una realidad.

Volviendo a la UNE, el problema de los Directivos actuales es que los estatutos de la UNE les pertenece. Ellos diseñaron para que docentes críticos o progresistas o cualquier persona capacitada, deba primero agachar la cabeza, callarse durante 5 o 7 años para llegar a ser Profesor Asistente y entrar en la línea de sucesión. Mientras, no hay posibilidad.

Por otro lado, tenemos a los Administrativos, hay superpoblación de funcionarios. Muchas universidades en el mundo se manejan por internet al 80/90% de sus funciones.

Un alumno, no necesita llenar formulario, pagar por caja, formar fila, y llevar 10 papeles para que te digan "en 15 días ya va estar tú documento"

Estas son realidades que desde "fuera del corral, estoy viendo" y si no veo el cambio es porque no existe o porque no hay difusión.

"Si cayó un árbol en el bosque, y nadie lo vio, ni escuchó caer. ¿Cayo el árbol?"

Pienso que debe haber un sinceramiento a nivel de Docentes.

Hacer un trabajo de investigación sobre cuál es la realidad de los Docentes de la UNE.

- ¿Qué nivel de formación tienen?

- ¿Están ocupando espacios de acuerdo a sus capacidades?

- ¿Se valoran los esfuerzos extra académicos, como formación a nivel de empresas, etc?

- ¿Que publicaciones científicas han hecho en los últimos tiempos?

Y una gran pregunta, ¿el Docente hizo o mandó hacer su Tesis de

Especialización, Maestría o Doctorado?

Muchos sabemos que hay gente que manda hacer su Tesis, y eso replican los alumnos. Al final somos una Universidad "Copy/Paste".

Es complejo, pero debe haber sinceridad. Y de ahí se parte.

Con las dificultades económicas, hay docentes que recorren el mundo. Y otros, que laburamos para comprar libros y leerlos. Generar algún tipo de pensamiento. Pero otros, "al Rosario dando y la plata cobrando".

UNA MARCHA "GATOPARDISTA"

Martes, 10 de septiembre de 2019

Hoy se realiza la Marcha por "recuperar los 4.800 millones de guaraníes de recorte presupuestario" de toda la UNE.

Pero lo extraño es que los docentes no quieren recuperar para mejorar la Educación Superior, sino para "una equiparación salarial".

Recuerdo aquel 2015. Uno de nuestros análisis hablaba de que tanta corrupción tendrá sus consecuencias, tarde o temprano.

Nada ha cambiado, es el "gatopardismo" en su máxima esencia.

"Cambiemos todo, para no cambiar nada".

Muchas denuncias se realizaron, algunos me dicen que los estudiantes o el abogado "se equivocó al presentar las denuncias, que no tenía fundamento, que no había pruebas"; pero sigo creyendo que la "corrupción de los Decanos" sigue tan campante como aquellos días de #UNENOSECALLA o #FAFISEDEFIENDE.

Hoy, están renovados. Nuevos directivos, nuevos cargos, nuevos salarios y "viejos vicios".

¿Y quién se beneficia con esta marcha?

¿Habrá una nueva biblioteca?

¿Se comprarán nuevos textos y más modernos?

¿Habrá pensamiento crítico?

¿Leerán a Marx, Derrida o Foucault?

¿O presentarán nuevos textos de la escolástica y el San Agustín, para pensar en el "infierno que mereci y el cielo que perdí"?

¿Cuál es la visión de una Facultad de Filosofía?

¿Un profesor de latín que une dos oraciones y se traga unas cuantas "eses", porque de su boca solo salen "heces"?

A mí, que me encantan los simbolismos, me fijo en el logo del SIPRODUNE.

Son dos manos, una encima de la otra y en medio un ojo. Si, el ojo de la Providencia. (La sabiduría). Pero pinchado por una pluma. (Pluma de pavo)

A los que hicieron el logo les felicito, porque canalizaron el pensamiento de muchos, no digo todos, los Docentes de la UNE.

Unas manos que mendigan la sabiduría del "Ojo que todo lo ve", pero que es ciego a causa de la pluma con el que firman los "nombramientos de amigos, familiares y conocidos".

Nada ha cambiado y nada cambiará.

Los estudiantes siguen tan apáticos y miedosos como siempre. Más aún, cuando los directivos tienen digitado a los directivos de una Liga Nazi-Fascista Ultra Católica dirigiendo el Centro de Estudiantes.

Eran otros tiempos, cuando se respiraba libertad. Los estudiantes podían ir de la mano y soñar con una Facultad diferente.

Hoy, segregan a los "diferentes y anormales", porque los normales esperan que La Providencia cumpla el "venga a nos tu reino".

Y no saben, que los Docentes creen en una Providencia ciega".

El reino se construye con un "Sígueme de amor, con la verdad y la libertad".

CARTA ABIERTA

Jueves, 28 de junio de 2018

(Esta es una carta para responder a una publicación del Presidente de la Liga Patriótica Universitaria. Las frases que están "entre comillas y en cursiva" son del texto referido)

En principio, mi dedicación a enfrentar la Ignorancia, el Fanatismo y la Ambición, me hace ocupar todo el tiempo que tengo y no tengo, mientras disfruto del caviar que algunos creen que abunda en mi hogar.

Sin embargo, mi *"status cibernético"* y mi espíritu docente busca entender que hay detrás de los discursos sociales, individuales y colectivos para comprender hacia dónde va nuestra sociedad.

Este mismo hecho, me hace notar que hasta ahora no he encontrado una sola propuesta racional, democrática e inclusiva en las teorías expuestas por la Liga Patriótica Universitaria.

Si los *"calificativos, no precisamente elogios hacia la Liga Patriótica Universitaria"* resultan molestos, es porque tengo razón en muchos de mis comentarios.

Para los que se sienten aludidos, mis *"acusaciones (sin pie ni cabeza)"* están fundadas en lo que los miembros de la Liga Patriótica Universitaria postulan en sus páginas, escritos, comentarios e incluso en sus "pasquines".

Además, *"entiendo a la perfección que las personas pueden tener o no adherencia a las posturas"* pero nunca he desarrollado una "persecución ad hominen", que quiere decir "a la persona", sino a las ideas que transmiten esas personas y que promueven un tipo de pensamiento retrógrado (Hacia atrás, en el tiempo).

En principio, mi intención no es tratarlos de *"fanáticos e ignorantes todo el tiempo"*. Sin embargo, dedicaré unas líneas *"a refutar las posturas que (han) hemos asumido"*.

Entre los tres puntos que cita el Presidente de la LPU dice:

"1- Desde la LPU, no hemos propuesto ningún modelo pedagógico…,"

Cuando en un discurso usamos los términos *"hemos, nuestro, necesitamos"* es una forma de conducir el pensamiento hacia una sola forma de pensar que es del grupo social al que uno pertenece. En el fondo estamos diciendo que somos los "Ore", un término que en guaraní es más fuerte, y es "excluyente, elitista y hasta clasista".

En el MODELO CONDUCTISTA DE EDUCACIÓN, el docente debe moldear el cerebro y exigir el aprendizaje sistemático de lo que el profesor enseña *"hasta que lo ame"*.

Por eso, todas las siguientes expresiones, esbozadas en un artículo que lleva por título *"La soberanía de un país reside en el cerebro de sus profesores y estudiantes"* y publicadas en el Kavichu'i, que es *"Es una publicación de la*

Liga Patriótica Universitaria, movimiento estudiantil en pro de la juventud y del bien de la nación" y aunque en el mismo material dice que: *"Las opiniones y comentarios vertidos por los redactores y colaboradores son de responsabilidad de los mismos y no reflejan necesariamente la opinión de la dirección,"* resulta llamativo que todo el material gire alrededor de la educación.

Aquí algunas frases:

"Todo eso sería un deleite para nuestros ojos, pero no para nuestros cerebros."

"El Estado debe invertir en el cerebro de sus es-tudiantes y por sobre todo de sus profesores, porque es allí donde reside la soberanía de un país, el pueblo es soberano no porque tiene la oportunidad de sufragar, sino porque tiene ciudadanos pensantes."

"Necesitamos generar, no reproducir. Sí, de esos profesores "sober-bios" necesitamos, algo así como el soberbio de Jesucristo que se jactaba de ser «Maestro»."

"Necesitamos profesores que verdaderamente esgrimen y escudriñen sus materias, en otras palabras, que amen y que haga que los alumnos amen su materia."

"Necesitamos profesores que verdaderamente esgrimen y escudriñen sus materias, en otras palabras, que amen y que haga que los alumnos amen su materia, no porque sea fácil, sino por-que a pesar de la dificultad que ella representa, el alumno sienta placer a ponerse a estudiar porque sabe que uno está matando su ignoran-cia y recibiendo grandes dosis de sabiduría."

Luego, dicen *que "no promovemos, como dice usted, un modelo de estudiante que debe ser "sumiso ante la autoridad, dedicado solo al estudio y por, sobre todo, sin posibilidad de pensamiento crítico y libre", o que "no promovemos una posición de "sumisión".*

Sin embargo, en el editorial, que es responsabilidad del Director del Medio y al mismo tiempo es la forma de pensar del Medio de Comunicación dice.

"Los buenos alumnos, los verdaderos, los úni-cos que merecen consideración, son aquellos que no tienen tiempo para otra cosa que, para el estudio, los que tienen que

mantener casa e hijos, familia, los que se deben a los demás y procuran superarse a pesar de las dificultades. Y de ese tipo de gente tenemos muchos en la Liga."

Y en el mismo artículo antes señalado, criticando el Modelo Pedagógico Constructivista, (donde el conocimiento se va construyendo con el alumno que también trae conocimientos al aula, fruto de su previo aprendizaje), dice:

"¡Quién no escuchó hablar de la boca de los pro-fesores la típica frase: "¡Yo no vengo a enseñar, ustedes son los que me van a enseñar a mí" !, en primer plano podríamos pensar que es un acto bastante humilde del profesor, pero a lo largo del año, verdaderamente se cumple esa frase. Los que dictan las clases terminan siendo los alumnos, con las interminables exposiciones, trabajos prácticos y grupos de investigación. En ese caso, el salario que el Estado invierte con el profesor por enseñar debería pasar a los alumnos..."

Estamos de acuerdo, en que el modelo que se enseña en las aulas de la Facultad de Filosofía no es el adecuado para los tiempos modernos, pudiendo ser mucho menos estructuralista. Sin embargo, es mejor, para desarrollar capacidades como las de hablar en público, refutar ideas e incluso, debatir teorías que podrían surgir desde los alumnos y los docentes.

Sobre el término "sumisión" que pretende ser una *"terminología es utilizada dentro de pedagogías de corte marxistas"* resulta interesante, porque en el mismo texto se da a entender que no solamente uno vive en la "sumisión" de la explotación por los intereses particulares, sino también en la "alienación" que es el otro concepto marxista, pero no exclusivamente, cuando dicen que "me he inmiscuido "libremente" a todo el proceso de "sumisión".

La alienación en términos marxistas, y conste que no soy un profundo conocedor del pensamiento, implica la "enajenación o el despojo de la persona en sí, para convertirse en un simple motor del sistema productivo o en un brazo para trabajar y no pensar" y mucho menos criticar.

El derecho del hombre es ser libre y es un derecho humano. El derecho al trabajo, es un derecho humano. Pero que el hombre sea un esclavo, no es un derecho humano. Ahí radica la diferencia entre el "sumiso y alienado" y el hombre libre.

"2- Me sorprende su capacidad tipo KGD o CIA…,"

Las siglas son KGB y no KGD.

Pero el hecho de que "nosotros, con tanto tiempo ocioso nos pasamos espiando y delatando a nuestros compañeros", no tengo la más mínima duda.

Muchos de los integrantes de la Liga fueron testigos, en algunos casos "falsos testigos", contra los estudiantes de que protestaron contra el "nepotismo, prebendarismo y corrupción" y que fueron, injustamente, sumariados por las autoridades de la facultad.

"fui electo Presidente del Consejo de Delegados, por cierto, en un proceso de elección libre y transparente y sin haber coartado la libertad de expresión a nadie, en ningún sentido"

Por lo que conozco, la Facultad de Filosofía, no se jacta precisamente de tener elecciones transparentes y libres.

Para tener en cuenta el Padrón Electoral Estudiantil para Centro de Estudiantes y Representante Estudiantil lo elaboran en la Secretaria General, y la Presidente encargado de que se realice es la Decana.

Esto, sin olvidar que, en la FAFI, los Coordinadores y Profesores son claves para "presionar a los alumnos/as" al momento de elegir.

"3- Por último, quería comentarle que el hecho de que la mayoría de los miembros de la LPU, tengan una religión confesional (por que no es imprescindible ser católico ni creyente) no nos hace zombies, ni fanáticos, ni ignorantes…,"

En particular, no me molesta que manifiesten un credo religioso. Pero si puedo criticar el uso de la religión que debería estar más cerca de los "pobres y oprimidos" que de los "poderosos y opresores". Porque seguir hablando del "Dios de amor y justicia", cuando en realidad actúan en contra de sus leyes divinas, es lo que se llama ser *"zombies, ni fanáticos, ni (e) ignorantes…,"*

Con todo lo expuesto, que no se animen a *"pedir catequesis para todos"* porque ahí sí *"El pescado se (va a pudrir) pudre primero por la cabeza…,"*.

FICCION Y VERDAD DE UN EVENTO REAL

Lunes, 11 de junio de 2018

La Facultad de Filosofía de la Universidad Nacional del Este ha cumplido 33 años. Se festejó, como debe ser. A lo grande. En el Centro de Eventos Florida de Hernandarias, ubicado en el exclusivo Paraná Country Club. Estuvieron, aproximadamente, 120 personas, entre directivos, docentes e invitados de la Facultad y la UNE. Si hacemos un breve cálculo de G. 150.000 por persona, creo que fue menos, el monto gastado para un evento de tamaña envergadura es de G. 18.000.000, solo en buffet y servicio de local.

Participaron todas las autoridades, varones y mujeres, vestidos como en una gran gala de clase alta, sin tener en cuenta la realidad de los pobres estudiantes de la facultad.

Fue un derroche de alegría y camaradería. Prácticamente, despidiendo a la Decana Actual, y pre anunciando la proximidad de la elección de Nuevas Autoridades, en vistas a una Nueva Decana. Sí, será una mujer. Aunque no le guste la paridad femenina a la Liga Patriótica Universitaria y a su "Líder Espiritual".

Sin embargo, muchos posaban para la foto con sonrisas forzadas, dientes apretados y cuchillo bien afilado en la cintura. Aparentemente, la próxima Decana ya tiene "su equipo (y votos)" para ganar. Empezó a mover sus piezas en el ajedrez electoral y académico, dejando de lado a "otros y antiguos aliados" que no se sienten "mimados" y ven apeligrar sus cátedras y cargos.

Me cuesta entender que una Facultad de Filosofía, que debería de ser el espacio de estudio, reflexión y análisis de la realidad, social, política y educativa de la región y el país, se preocupen por festejar un aniversario con un evento más acorde a un "CLUB PRIVADO".

Esperaba que los festejos se hicieran con una Gran Conferencia o Seminario Internacional sobre Nuevos Paradigmas Educativos, Pensamientos Filosóficos Post-Modernos, Nuevas tendencias en Medios de Comunicación Modernos a nivel estudiantil o quizás, ¿la Conferencia de algún renombrado Psicólogo Internacional?

¡No!!!!, eso sería un despilfarro de dinero.

Es una pena que antiguos docentes, sólo saben cantar loas a las autoridades de turno, y a pesar de sus años, no tienen un solo pensamiento crítico a su propia gestión. Como diría Roa Bastos, son "Sepulcros blanqueados" que viven la ignominia de "votar para que todo siga igual y no perder sus privilegios".

Es lamentable ver, como algunos "jóvenes docentes" venden sus conciencias, aprendiendo a doblar su cuello para ser apacentados por los "mediocres de turno" que sólo buscan "perseguir y censurar a los alumnos" que piensan diferente, y que aquellos son incapaces de defender.

Es triste ver como amenazan con "castigos y sumarios" si se atreven a discutir ideas o plantear soluciones nuevas. Incluso, darle un "me gusta" a publicaciones que generen reflexión en los estudiantes, es tenido como "un acto de alta traición".

Para las autoridades de la FAFI, el centro de la educación no son los estudiantes, son "las formas, formularios, reglamentos y resoluciones" que nadie debe violar. Ellos son los únicos que podrán salvar la educación superior de los "marxistas, socialistas, izquierdistas y comunistas" que solo promueven "el odio y la división de la familia paraguaya".

Algunas autoridades fomentan la creación de grupos religiosos radicales, ultra ortodoxos, católicos y neo-nazi fascistas, cuyo solo nombre delata sus pretensiones de "alinear las mentes" bajo un falso "patriotismo" y liberarlos del "pensamiento moderno" pretendiendo que los cánones académicos, previos a la "Reforma de Córdoba" (Cuyo centenario se pretende recordar en la UNE), sigan funcionando. Solo para recordar, esta reforma exigió el fin del modelo antiguo y la implementación del Gobierno paritario. Se incorporó la representación de estamentos, la elección, la autonomía, la libertad de cátedras. Exigió el laicismo en la Universidad, y la no injerencia de los gobiernos en materia académica y política dentro de las universidades.

Sin embargo, para éstos miembros de la Liga y su "Sumo Sacerdote", el "pensamiento escolástico y pre conciliar" es la mejor forma para "dominar al vulgo ignorante" y seguir manteniendo sus "privilegios patriarcales".

Para ser justos, debo reconocer que, entre los docentes, hay muchos que sí entienden de méritos y dignidad, pero son pocos, muy pocos y de eso estoy seguro.

Es claro que, en su mayoría, "acomodan sus cerebros" a la cantidad de horas cátedras o cargos que podrían "ligar" si aprenden a "callar y obedecer".

Ésta es la realidad de la Facultad de Filosofía que debería ser el faro que ilumina en la tormenta de la Ignorancia, el Fanatismo y la Ambición. Pero lejos de ello, hoy solo ostentan, vestidos de "gran soare" y trajes caros, uñas y pestañas postizas, maquillaje al estilo "revoq", con taco 15, para hacer resaltar que la Educación Superior ha subido algunos centímetros del suelo.

Así quieren tapar sus miserias. Vistiendo como si fuesen de la realeza. Ostentar en fotos sus pusilanimidades y recordar lo felices que son cuando están cerca del poder, mientras les dure. Porque cuando vuelven a sus casas, se apresuran a buscar algún "amigo influyente" o algún "artilugio legal" para no ser imputadas/os por hechos de nepotismo, prebendarismo y corrupción.

Hay un dicho famoso y no por ello menos realista…, "Aunque la mona vista de seda, mona queda".

FELIZ 33 AÑOS

SALUD

LA PRESENCIA DE LAS AUSENCIAS

Martes, 28 de septiembre de 2021

La vacunación de la población es el motivo por el cual estamos saliendo, gradualmente, del encierro ocasionado por la Pandemia del Coronavirus.

Aquí no hubo misas, ni rosarios, ni "milagros de pastores que expulsan demonios" en sus templos.

En esta pandemia nos salvó la ciencia.

Las oraciones, meditaciones y recomendaciones a dioses o santos ayudaron al espíritu, pero no pudieron contra el COVID-19.

Sé que, a muchos, les molestará lo que están leyendo, pero no debemos olvidar que la gente que ha partido de este mundo material lo hizo por la falta de infraestructura en salud y no por no haber rezado.

Son muchas las ausencias que se hacen presente en estos días en que empezamos a volver a la "normalidad".

Para muchos, es doloroso haber perdido familiares y amigos, tíos y primos, vecinos, hermanos y padres o ver en la televisión familias destrozadas porque se han endeudado para cubrir los gastos médicos de sus enfermos.

Esa es la realidad de la "nueva normalidad".

No debemos olvidar a los más de 16.000 muertos que, en Paraguay, fueron llorados por sus familias y, por detrás, toda la nación.

No debemos olvidar que la culpa es del sector político que distribuye el dinero del Presupuesto General de Gastos de la Nación, dando prioridad a sus amigos, familiares y amantes utilizando recursos del pueblo.

No debemos olvidar que la precariedad con que seguimos enfrentando nuestros problemas de salud tiene que ver con la "desequilibrada" manera de recaudar dinero del contribuyente y la mala distribución en el gasto público.

No debemos olvidar que cada político, sea concejal municipal o el presidente de la república tiene sobre sus hombros más de 16.000 muertos.

No debemos olvidar que cada uno de esos muertos no recibió la atención que se merecía, porque nunca se pensó en invertir en infraestructura adecuada, en medicamentos, en formación del personal de salud.

No debemos olvidar que muchos médicos del sector público están asociados a sanatorios y hospitales privados y que se benefician con los pacientes que derivan del público al privado.

No debemos olvidar que los gastos de enfermos derivados a los sanatorios y hospitales privados lo pagamos los contribuyentes.

Por éstas y muchas razones más, debemos hacer PRESENCIA de cada una de las muertes que tuvimos, sean familiares o no, vecinos o no, amigos o no y deben hacernos reflexionar sobre esa AUSENCIA que tenemos por culpa de los políticos que prefieren "ayudar a sus amigos empresarios", "a empresas de sus correligionarios", etc.

La PRESENCIA de las AUSENCIAS es la clave para no volver a repetir los mismos errores.

Muchas sillas estarán vacías en la mesa de fin de año.

Muchas familias no estarán alegres por esas AUSENCIAS.

Muchos compatriotas mirarán al cielo, recordando a sus muertos.

Pero nunca debemos olvidar que, al haber elegido las autoridades que tenemos, TODOS SON TAMBIEN NUESTROS MUERTOS.

TERCER HISOPADO

Viernes, 11 de junio de 2021

Es mi tercer hisopado en lo que va de la pandemia.

Esta vez es diferente. Me tuve que levantar a las 4 AM, para formar una fila extraña.

La famosa fila de objetos que se colocan uno detrás de otro para ordenar el caos.

Es la fría materialidad de "seres animados en objetos inanimados" que representan a "personas de carne y hueso", que al final se convierten en estadística, es decir, de nuevo en un número frío.

Botellas con agua, frascos de Herbalife, cajas metálicas, bolsos de mano, estuche de lentes, cascos, hoppies, un frasco con perfume, llaves, etc...., todo vale para "ser lo que no es" y, sin embargo, asegurar "la organización de lo desorganizado" del sistema de salud.

Cuando empezó la pandemia uno podía agendar vía telefónica.

Este servicio, desapareció del mapa de opciones al público. Así como el virus, vamos mutando en la forma en el cual el sistema de salud va trabajando la pandemia.

Ahora todos nos reunimos en un lugar (en este caso, el Hospital Distrital de Hernandarias), paradójicamente, el lugar donde debemos quitar número está frente a la Morgue del hospital y formamos la fila de objetos que nos representan. Al otro lado de la puerta, donde supongo que nos haremos el hisopado, hay dos camillas para cadáveres.

Es lo que seremos, inevitablemente, algún día. Un objeto inanimado que no usará ninguno de los objetos que los representan.

Cuando buscaba cual era el objeto que mejor me representaba, encontré llaves de auto, teléfonos celulares, un libro electrónico (con más de 1500 libros dentro) y un libro de Jorge Bucay (El camino del encuentro de la editorial Del Nuevo Extremo), pote de alcohol en gel, y me decidí por el estuche de mis lentes de lectura.

Me senté a esperar "mi turno".

Empecé a observar.

La gente venía y preguntaba: "¿Cuál es la fila para el hisopado?"

Y los que estábamos esperando le informábamos, con todo respeto: "Allí es. Ese es el último de la fila".

Así, el nuevo de la fila deja otro objeto y espera.

Es nuestra materialidad, convirtiéndose en objetos. Yo pienso en la importancia de la filosofía y nuestra capacidad de observar.

Mientras sigo pensando en lo que "somos como humanos y lo que nos convertimos como personas, en nuestro deficiente sistema de salud pública", sigo leyendo el libro "La tierra prometida" de Barack Hussein Obama, donde describe su campaña electoral en su carrera para ser presidente de los Estados Unidos de Norteamérica.

Leo y recuerdo, que lo primero que hizo Donald Trump fue quitar el "ObamaCare". Esto perjudicó enormemente a la gente más humilde de uno de los países más ricos del mundo y lo convirtió en uno de los que más muertos tuvo en un momento determinado.

En fin.

La gente va llegando para el hisopado, detrás de mi estuche de lentes, siguen sumándose botellas, llaves, mascarillas, cascos, etc.

La gente empieza a ocupar su lugar, en reemplazo de los objetos.

Empieza la desconfianza entre todos.

Escucho decir a una persona: "seguro que esos de adelante van a sacar dos o tres números". Todos suponen que se respetarán los lugares.

La comunidad se organiza para recibir un servicio.

De repente, viene el funcionario del Hospital Distrital y pide formar la fila en otro lugar.

Se desata el caos, nos aglomeramos todos, se acabó la fila.

Lo idílico del objeto que nos representaba se acabó, ahora valen los gritos, empujones, el mbarete (atropellador) y el ñembotavy (Hacerse el tonto) se hacen presente.

Me quedo pensando en el libro de Virgilio Cantero, "Sociedad, disciplina y poder" tengo que leer de nuevo..., el funcionario público no respeta la decisión de la sociedad que se organiza para su mejor atención. Él debe imponer su autoridad para organizar a su modo y, quizás, privilegiar a uno que otro.

Pudiendo decir "¿Este objeto de quién es?" y entregar, según el orden que se estableció, decidió mudar de lugar y todos corren a formar una nueva fila.

Los que entendemos que debe haber un orden, un respeto a la sociedad y su organización, vamos ubicándonos en el lugar que tenían los objetos.

Otros, atropellan, se empujan y consiguen adelantarse para conseguir el número.

Observo, porque en mi espíritu de ciudadano debe haber un acuerdo de los que respetan al otro, y sigo en mi fila.

Si antes, respetando el orden de los objetos me hubiera tocado el 16, ahora me toca el 36. No protesto porque no está en mi ánimo enfrentarme con mis conciudadanos. Es la autoridad del funcionario público la responsable de la organización o desorganización.

Sigo creyendo en la bondad y civilidad del ser humano.

Mientras amanece siguen, entre todos los que estábamos esperando desde las 4 AM, los "análisis de lo que sucedió", escucho la propaganda callejera de los candidatos a concejales de la ciudad.

Definitivamente, y aunque todo parezca lo contrario, la "tierra prometida" sigue muy lejos de nosotros. Seguiremos en el desierto por mucho tiempo más.

POLÍTICA EN MODO COVID

Viernes, 21 de mayo de 2021

"A los pingos, se los mide en la cancha" es un dicho popular en el mundo de las carreras de caballo.

En la política, indica que aquel que parece tener muchos seguidores, debe demostrarlo y ganar la contienda electoral con tranquilidad.

Sin embargo, durante la campaña electoral hay muchos factores y no solamente la "guapeza" del candidato.

En muchos casos, un candidato tiene todo para ganar, dinero, titulo, formación académica, profesional, o es experto en Administración Pública, pero "ndahe'êi, nda ijukyi ha ijargel" (No es dulce ni es salado y es cascarrabias). Y su candidatura no "se pega, ni con chicle".

En nuestro país, estamos acostumbrados a que las campañas políticas se midan por la capacidad de los dirigentes partidarios de, literalmente, "arrear gente como ganado a los encuentros políticos".

En esos espacios, donde se promueve la candidatura de tal o cual candidato o candidata, el público, simplemente, es un espacio ocupado en el salón, canchita o plaza del barrio, para aplaudir, gritar hurras o en último caso, recibir alguna gaseosa o panchito para comer.

En estos encuentros, nunca se escuchan propuestas, planes, proyectos y las expresiones, "vamos a traer progreso a la ciudad, construir el puente, hacer el rio, abrir hospitales, generar puestos de trabajo, etc." son palabras vacías que se las lleva el viento.

Es bien sabido que una vez obtenidos los votos, todo se reduce a sesiones de 4 a 5 horas como máximo en la Junta Municipal o a "destinar" el dinero de los contribuyentes a obras adjudicadas a empresas de "amigos" o recomendados de los caudillos de turno.

Sin embargo, como estamos en situación de Pandemia, hay protocolos que se deben cumplir y los que estaban acostumbrados a "juntar votos" (Expresión propia de los políticos) ahora no pueden "aglomerarse".

En el Partido Colorado, hay muchos que se postulan con la finalidad de mantener sus privilegios políticos y otros, que son afiliados de la ANR, pero que en el periodo anterior se postularon a las intendencias o concejalías por otros partidos, hoy vuelven a postularse por el partido republicano.

Muchos que nunca pensaron en militar en política, están dentro del proceso electoral, y entendiendo que la campaña es una cuestión de estrategia, más que de gastar millones de guaraníes.

Este año, las campañas están más centradas en demostrar la capacidad y el liderazgo, antes que la posibilidad de juntar electores, para los encuentros políticos.

Las presiones están al orden del día en las instituciones públicas, sean estas escuelas, colegios, sanatorios, puestos de salud o cualquier lugar donde el dinero público, administrado por el Intendente de turno, intenta disponer para mantener esos privilegios políticos.

Para el Partido Colorado, como el Partido Liberal, estas Elecciones Internas Simultáneas del 20 de junio próximo, serán claves para comprender la viabilidad del nuevo modelo de elección de candidatos a concejales.

Esto se debe a que prevalecerá el "Voto Preferencial", y aquí, aunque todos los participantes formen parte de la misma Lista X a Intendente, los votos preferenciales son claves para tener un lugar en la lista final del partido y de ser posible los primeros 5 lugares, que son aquellos donde sí hay posibilidad de ingresar en las Próximas Elecciones Municipales del 10 de octubre del corriente año.

Es decir, todos apoyan al mismo candidato a Intendente, pero cada uno debe hacer su propia estrategia de campaña para juntar los votos que le aseguren la preferencia de los electores.

Para los partidos minoritarios, es más fácil en junio, porque en principio, van con una sola lista consensuada y estas internas son de mero trámite electoral.

Sin embargo, en las Generales de Octubre tendrán que apelar a otra estrategia para atraer los votos de los partidos tradicionales o los independientes e indecisos.

Es bien sabido, que los discursos denunciando la corrupción, el mal manejo de fondos o la mala gestión municipal, ya no prende como argumento, porque la "impunidad" es transversal a todos los partidos y en todas las épocas.

Esto trae aparejado, la tremenda necesidad de los ciudadanos de encontrar una salida a la situación de la pandemia, la economía y por, sobre todo, asegurar el pan de cada día.

No serán fáciles, ni las internas simultáneas y mucho menos las Elecciones Municipales de Octubre.

Esperemos que, al momento de sufragar, los electores comprendan que "su voto" solo sirve, "SI" elige buena gente para administrar y "NO" más de lo mismo.

LA DURA REALIDAD DEL DÍA DESPUÉS

Jueves, 1 de abril de 2021

¿Qué pasa el día después?

¿Qué actitudes tomamos ante la vida y la muerte? El nacimiento y la muerte, los extremos de la vida.

Todos, de alguna manera nos hemos preguntado por el "día después".

¿Qué decidimos hacer?

En estos últimos tiempos, la incertidumbre es la constante. Nadie sabe, qué pasará el día después.

El idioma guaraní tiene, quizás la mejor explicación del día después.

Cuando decimos "mañana" la palabra es "ko'êro".

En la cosmogonía "el mañana es una incertidumbre". Su traducción sería "si amanece".

De ahí viene, aquel mal chiste que se contaba en la época del General Andrés Rodríguez que decían que se le envió mercaderías a un grupo indígena y que el militar encargado de hacer llegar las provisiones le preguntó al cacique: "Araka'e aju jeýta agueru haguâ pe'ême, he'ika ndéve ñande mburuvicha". (Trad.: Cuando volveré para traer de nuevo, te hace decir el General)

Y el cacique, mirando la cantidad, dijo: "Roje forza'imîro, ja'upaitéta ko'ê ambuero". (Si nos esforzamos, vamos a comer todo pasado mañana)

Esta respuesta, si bien es jocosa en el sentido de "PORQUE NO GUARDAR PARA COMER MAÑANA" no tiene que ver con eso.

Tiene que ver con la incertidumbre del mañana y la posibilidad del vivir bien hoy, sin importar el mañana.

La concepción del tiempo, es una especie de Budismo Zen en el pensamiento guaraní, donde lo importante es el "AQUI Y EL AHORA".

El ko'êro, (Si amanece) es una incertidumbre para el pensamiento indígena.

El ko'ê es la mañana y una de las fases del día. Ellas son: madrugada, mañana, mediodía, siesta, tarde y noche. Y nosotros analizaremos el "ko'êro" antes que se haga realidad, es decir entre la madrugada y la mañana.

El ko'êro, tiene sus variables, antes de producirse la mañana plena de sol.

Consulté a varios amigos, conocedores del idioma y pude identificar estos momentos. Aclaro que esto no es definitivo, y mucho menos, totalizador en el esquema del lenguaje guaraní o en las diferentes etapas del amanecer. Habrán mejores explicaciones y mayor conocimiento, pero para este escrito es lo que necesito como punto de análisis.

Estas variables del amanecer son:

- Ko'êju, (La mañana que vienes. Ko'e= mañana, eju= vienes) vendría a ser la llegada de la mañana.

- Ko'êtî o ko'ê morotî (Alba, amanecer), sería el momento en que en el horizonte se ve el inicio de la claridad producida por el sol, que, aparentemente, está saliendo o viniendo.

- Ko'ẽ tiri, (cuando el sol empieza a destellar en el horizonte)

- Ko'ẽ pytangy, cuando la luz del sol, se mezcla con la oscuridad de la noche y se ve el horizonte de un color violáceo tirando a rojo.

- Ko'êtîsoro, (Cuando se forma el arco de luz que precede al sol) es cuando los rayos del sol rompen el alba y se despliegan sus primeras luces en el horizonte.

- Ko'ê sa'yju, cuando la luz del sol, es más fuerte y empiezan a verse en el horizonte el amarillo, más no el sol.

Ko'ẽmbota, es una pequeña fracción de tiempo, cuando el sol ya casi es perceptible por sus rayos.

ko'êti soro, es cuando los rayos del sol rompen el cielo y la oscuridad.

Ko'ẽmba, cuando el sol ya se levanta en el horizonte y en la naturaleza ya casi todo es visible.

Ko'ê, es cuando el sol ya está por encima del horizonte y todo es visible y empieza la jornada sin peligros.

Entonces, el "ko'e ambuero" no es sinónimo de "glotonería" o de "irracionalidad por no racionar" los alimentos. Es simplemente el disfrute del "aquí y el ahora", porque en la naturaleza del indígena es compartir en familia, no acumular riquezas y compartir de lo que podemos tener a mano para vivir.

Por eso, su amanecer es largo hasta la mañana. Es el disfrute de la contemplación, de la belleza de la naturaleza.

Porque "ko´êro ipuku" (El mañana es una posibilidad y es largo) y no hay garantías de amanecer de nuevo.

Además, el "ko'êro ndaha'éi iseguropáva" (El mañana nunca es seguro) dice el refrán popular.

Es por eso que, en estas épocas de pandemia, en que todos los días vemos la realidad del país, en términos sanitarios, políticos, económicos o lo peor, despedir a algún "amigo, familiar, conocido o desconocido" pero que ha sido afectado por el Covid-19 o el colapso del sistema sanitario, nunca sabemos lo que puede pasar.

La incertidumbre es la dura realidad del día después.

Tenemos un país que no está planificado. Nunca lo estuvo, si no era para la corrupción y el robo al estado. Es decir, al pueblo en general.

Cada político, sean municipales, departamentales o nacionales, que ganan elecciones tienen sus propios proyectos y, aparte de criticar a la administración anterior, empieza todo de nuevo.

Desde contratar a amigos y parientes o "regalar contratos a empresas de los que financiaron la campaña o arreglar licitaciones para los amigos de los amigos".

Nadie sabe reconocer el esfuerzo del otro y continuar con los buenos proyectos o pedir que los opositores se unan a la idea de un gobierno de todos y para todos.

Somos un país impredecible, porque somos egoístas. "Ñandénte ja'upávaerã" (Nosotros debemos comer todo)

No hay un amanecer para todos, porque no hay planificación desde los gobiernos, desde los partidos, desde los que se postulan para algún cargo para que todos sin exclusiones, puedan tener la seguridad de que habrá dignidad para el prójimo.

Todos vivimos con el "ko'êro" como posibilidad e incertidumbre.

Sin embargo, todos queremos que haya un "ko'êroite" (Un mañana seguro).

Aprendamos a mirar el mañana con esos matices que nos enseña nuestra lengua guaraní.

Que todas esas etapas se hagan realidad y que el sol limpie la oscuridad que vivimos y podamos transitar el mundo sin peligro.

A UN AÑO DE TODO Y DE NADA

Miércoles, 24 de marzo de 2021

Hace 1 año, marzo del 2020, íbamos a Cuarentena Total sin ningún tipo de remordimiento, porque sabíamos que todo el sistema de Salud era precario y no había chances de soportar los contagios en esta Pandemia y todo iba a colapsar si los estudiantes seguían en las escuelas y colegios, los colectivos abarrotados de personas, las empresas y comercios operando sin ninguna política de prevención.

La primera muerte víctima del Covid-19 fue un médico. Era quizás una dura premonición.

La idea era enfermarnos a poco, para que el sistema pueda soportar. Éramos ejemplo mundial.

Pero un día, cedimos ante la presión de los políticos, de los empresarios del deporte, luego los gastronómicos.

Después los industriales, y empezamos a liberar todo.

Todos nos relajamos. Hicimos encuentros kañyhápe (escondidas), participamos de bodas, bautismos, cumpleaños, fuimos a las fiestas de fin de año. Pero no pudimos asistir a muchos funerales.

Muchos se sintieron "aliviados" para ir a vacacionar a Brasil. Y la pandemia seguía viento en popa en el país de la "gripesinha". Muchos viajaron sin cumplir con los protocolos y volvieron, sin cumplir con los protocolos.

Hoy, marzo del 2021, volvemos a Cuarentena Total, sin tantas restricciones como hace 1 año.

Pero la realidad es diferente.

Estamos con las nuevas Cepas, más contagiosa y menos conocida. Los hospitales están colapsados, públicos, privados y de contingencia. Ya no hay oxígeno en los hospitales, faltan medicamentos, y le hicimos renunciar al Ministro de Salud. Muchos médicos y enfermeros, murieron por contagios en los hospitales.

Todos, incluida la gente de a pie, la que más va a sufrir, sólo culpa al gobierno.

Pero guste o no, nos relajamos. Y siempre nos dijeron: "A este virus no se le gana en los hospitales".

Alemania fue de nuevo a cuarentena, para evitar el contagio masivo.

Argentina nunca salió de cuarentena y se prepara para tomar decisiones más duras.

España en varias comunidades autónomas fueron a cuarentena según su realidad.

Chile ya colapsó hace rato, pero también iniciaron el proceso de vacunación. Según analistas, no es seguro que funcionen las vacunas y vuelvan a la "normalidad".

Estados Unidos ha restringido el ingreso personas procedentes de Brasil, Gran Bretaña o países africanos que tienen las nuevas cepas.

Las vacunas están siendo producidas a un ritmo nunca antes visto en la humanidad.

Fabrican los chinos, rusos, estadounidenses, británicos, israelíes, indios, coreanos del sur, etc.

Y ya hay "vacunas falsas, para vacunarnos en serio" que son ofrecidas a los gobiernos más incautos.

Aquí, esperamos donaciones, ofertas, precio, coimas, acuerdos, firmas, notas, cartas de intención, pero nadie garantiza que los 4 millones de paraguayos en situación crítica vayan a vacunarse en breve.

Hay países y científicos que piden que los registros de patentes, de las distintas vacunas sean liberados, para que cualquiera pueda fabricarlos. (La humanidad ya ha recibido gestos solidarios de grandes científicos en otros casos).

Se pidieron préstamos internacionales, se vendieron bonos, se volvieron a pedir préstamos y así vamos avanzando, creyendo que el dinero nos salvará como sociedad. Mucho de esos préstamos "sólo mantienen los privilegios de los políticos y sus huestes prebendarias"

Hay empresarios que negocian acuerdos con el gobierno, quieren comprar, vender, alquilar o los que sea, mientras otros solo quieren un pedazo de la torta del presupuesto para la compra de las vacunas.

Hoy, la realidad es diferente.

Si esto es lo que querían los "negacionistas del virus", aquellos que decían que quedarse en la casa no ayudaba, que usar mascarillas no aportaba, que lavarse las manos con gel no evita el contagio, que lo único que se consiguió es matar la economía.

Sin embargo, no veo grandes empresas quebrando, las multinacionales nunca dejaron de operar y el contrabando, narcotráfico y otros negocios turbios, siguieron viento en popa. Muchas empresas siguieron vendiendo, poniendo en riesgo a sus funcionarios, contrabandeando o vendiendo a contrabandistas sus productos, para pasar las fronteras de y hacia Paraguay.

Es el "Paraguay formal" que es informal, delincuente e hipócrita.

Los que quebraron eran las "empresas que siempre fueron informales", es decir, aquellos que por años estuvieron evadiendo impuestos, no pagando salarios mínimos o evitando registrar a sus funcionarios en el IPS, aunque igual les descontaban el porcentaje de aporte obrero.

Es decir, el 80% de las empresas en Paraguay viven operando en la informalidad y por ello, no pudieron acceder a los créditos ofrecidos por las entidades bancarias. Y muchos siguen igual. No cambiaron.

Los políticos, en los municipios robaron todo en este 1 año de prórroga de mandato por pandemia.

Lo hicieron con los víveres, los medicamentos, las construcciones y ahora, que empezaron las campañas para las elecciones, están esperando volver a robarnos todo.

Sólo quiero que sepan que, aunque el gobierno se haya preparado para lo peor, esperando lo mejor "no es el mejor escenario el que tendremos enfrente".

Ahora, como hace un año de nuevo depende de cada uno de nosotros.

ESTAMOS COMO EN EL PRINCIPIO

Miércoles, 3 de marzo de 2021

Mucha gente dice "hemos dado 360 grados al problema" como intentando explicar que se ha mejorado, radicalmente, en algún tema.

Sin embargo, esto no es cierto en el tema del COVID-19 y en otros, que sean relativos a la Salud y la Educación.

Hace casi 1 año, se declaró la Pandemia a nivel mundial, y nosotros como país, nos adelantamos 24 horas, al decretar "Cuarentena total", para preparar nuestros sistemas sanitarios con el fin de enfrentar la "primera oleada" de Covid-19.

El orgullo nos hinchaba el pecho y decíamos "hemos enfrentado a 3 países y sobrevivimos, ¿mba'éiko ojapóta ñandereje petei bicho?.(Trad.: ¿Que nos haría un bicho?).

En aquel momento, el Ministro de Salud Pública y Bienestar Social (MSPyBS), Dr. Julio Mazzoleni era el Capitán del Barco, el Dr. Guillermo Sequera, Director de Vigilancia Sanitaria, el timonel y el Dr. Juan Carlos Portillo, Director General de Servicios de la Salud, era el Encargado de preparar todo el barco para que el viaje sea seguro para toda la población.

Es decir, Mazzoleni trazaría la hoja de ruta; Sequera, nos informaría como enfrentar la travesía y Portillo, prepararía el alojamiento (Camas), medicamentos y "marineros" (Enfermeros, Médicos) para enfrentar los problemas en el barco.

Lógicamente, todo esto con el apoyo del Ministerio del Interior y la anuencia del Presidente de la Republica, Mario Abdo Benítez, el Parlamento Nacional y la Corte Suprema de Justicia.

A este plan se sumaron el Ministerio de Industria y Comercio, Hacienda, Relaciones Exteriores y otros, quienes se pusieron a disposición de lo que el Ministro de Salud y su equipo proponía.

Entonces, todos confiados en "los tres mosqueteros" fuimos a Cuarentena y los primeros fueron las escuelas, colegios y universidades. Lo recuerdo como si fuera ayer.

Las fronteras cerradas, los comercios cerrados, todos a nuestras casas, de ser posible solo uno por casa debería de salir para comprar en los Supermercados o Farmacias, evitar visitar, incluso a familiares, etc.

En Wuhan (China) ya estaban saliendo del peor escenario, pero Europa, específicamente Italia, España y el Reino Unido y en América, Estados Unidos y Brasil estaban iniciando sus contagios masivos.

El 16 de marzo, a 13 días del inicio de la Cuarentena Paraguaya teníamos tan solo 9 contagiados..., aplanar la curva era el objetivo. ¡¡¡Yupiii..., empezamos bien!!!!

El entusiasmo inicial y la alegría nos duró poco.

La curva parecía aplanarse, pero los corruptos empezaron a hacer sus negocios con y el estado. Los titulares de periódicos se llenaban de información de proveedoras que "vendían tapabocas, agua mineral milagrosa, camas de UTI, etc.", todos ellos a precios exorbitantes y con anuencia de Presidentes de Entes estatales, bajo el argumento de "ayudar al Ministerio de Salud". "Ha'ekuérantema la patriota" (Trad.: Ellos nomás son los patriotas)

Era el negocio de los "muchachos y correlís" que siempre funcionó en tiempos de inundaciones, tormentas o sequías. Las empresas de los amigos, lucrando con las necesidades de la población y sobrefacturando a lo loco.

De entrada, un cargamento de tapabocas que llegaba desde China, para uso del MSPyBS, fue rechazado por no cumplir con los requisitos técnicos del organismo del estado. La DINAC compró Tapabocas por valor de Gs. 25.000 la unidad cuando en la calle se vendía a Gs. 2.500. Nadie está preso por "traición a la patria".

Mazzoleni, Sequera y Portillo no pasaban un día, sin explicar a la población, porqué se rechazaban los cargamentos o tardaban en comprarse o si se organizaba una nueva licitación para la compra de medicamentos e insumos de calidad para enfrentar lo inevitable. El tema era la transparencia.

En Brasil, el presidente Jair Bolsonaro, dijo en su visita a Ponta Pora, ciudad fronteriza con el Paraguay, que él no iba tomar medidas tan drásticas como las que tomó nuestro país, porque él no tenía miedo (se ufanaba de no usar tapabocas) y le informaron que esta enfermedad era sólo una "gripesinha". Días después, le cambió a su Ministro de Salud, que pidió que se tomen medidas mas severas para evitar la propagación del virus. Puso a un General retirado como Ministro de Salud.

Nosotros, todos felices, esperando que llegue la "pandemia". "Ñande raza guaraní" (Trad.: Nosotros somos de la raza guaraní)

Las empresas se adherían a la decisión del MSPyBS y el Ejecutivo..., salvo algunos que seguían cruzando por el Puente de la Amistad con la anuencia de los miembros de la Armada Nacional que "miraba a otro lado y con el bolsillo lleno" para que los que "siempre contrabandearon", metan sus mercaderías por el Puente o hagan pasar a "empresarios de frontera" que vivían en Foz de Iguacu y trabajaban en Ciudad del Este, Hernandarias, Pte. Franco o Minga Guazu.

La coima y el cruce de mercaderías sobre y bajo el Puente de la Amistad, no conocía de "Cuarentena".

Para todo había un precio. Nada raro en nuestro país.

El Intendente de Ciudad del Este, Miguel Prieto iba y venía de reunirse con su par de Foz de Iguacu, con el fin de tratar la apertura gradual de frontera y mitigar el impacto comercial de la Pandemia en los negocios del microcentro y la frontera. En Brasil todo era "normal", era sólo "gripesinha".

Luego, en un arranque de demostración de fuerzas con la Gobernación del Alto Paraná, Miguel Prieto construyo, al estilo China, un pabellón para internados por COVID-19 en menos de 30 días. Los chinos montaron un hospital para el tratamiento de 1000 enfermos por COVID en 10 días.

Aplausos por todos lados. Era posible dotar de camas los hospitales del país, y montar hospitales de campaña para recibir a los enfermos, en menos de lo que cante un gallo. La curva seguía siendo plana.

El contrabando de mercaderías, de todo un poco, pasaba por el rio, el puente, la frontera seca, etc. Todo pasaba…, desde alimentos, medicamentos, autos, armas, traficantes, narcotraficantes, etc. Efectivo (dinero) era el tema.

Así pasó el tiempo, todos los respetuosos con la ley, cumplíamos los protocolos y esperábamos los resultados del informe del Ministro Julio Mazzoleni, que para muchas era el "churro pero casado", incluso con la pelada. Guillermo Sequera, "más churro aún y soltero", estaba a la altura de Albert Einstein. (Hay que darle el Nobel, ya nos salvó del Dengue y ahora del Covid, decían los Medios de Comunicación).

Juan Carlos Portillo, "no tan churro, pero "amohapópe" soltero (Allá en el fondo), entusiasmaba a todas y todos con sus intervenciones en Medios de Comunicación y nos daba tranquilidad.

Se sabía que el país estaba endeudándose por 1.600 millones de dólares "y más", según el Ministro de Hacienda para enfrentar la pandemia. "No importa. Vamos a pagar todo, para eso está Itaipu y Yacyreta. Estamos haciendo bien. Somos raza guaraní. Si debemos quedarnos en nuestras casas, cumpliremos lo que usted diga mi gen..., Señor Presidente; señor Ministro Gallo Pal..., Euclides"

Así pasaron 6 meses y las proyecciones de Vigilancia Sanitaria de que "en 15 días estaríamos colapsando" no se cumplían. Eso era bueno. Y lo aclaró el mismo Dr. Sequera, cuando detalló que hay dos tipos de predicciones y son de diferentes resultados. Es decir, las "predicciones de los epidemiólogos" son positivas cuando no se cumplen, y que las "predicciones de los meteorólogos" son positivas cuando se cumplen y viene la tormenta.

Y como no había el colapso, cambió la percepción que se tenía de nuestras autoridades.

Guillermo Sequera ahora era un "fatalista, comunista y empleado de George Soros, Bill Gates y los Illuminatis".

Julio Mazzoleni pasó a ser un "corrupto, inútil y disparatero".

Juan Carlos Portillo pasó a "cosechar abejas, hacer cerveza artesanal y andar en bicicleta" porque alguien filtro un video "festejando el cumple de una modelo" (Su media naranja) y él, siendo en aquel momento Vice Ministro de Salud, "no usaba tapabocas". Se equivocó y renunció.

Es así que, de a poco, se fueron abriendo las fronteras, reabriendo los comercios, las actividades físicas al aire libre, los encuentros deportivos, actividades culturales, viajes al extranjero, llego Navidad..., "y yo sin tí"..., cantaban las cigarras, "ojokáma katu hese" (Rompiendo el silendcio) Marco Antonio Solís, luego Año Nuevo y nadie dijo "2021, sorpréndeme".

De golpe, nos enteramos que había como 4.000 paraguayos veraneando en las playas del país de la "gripesinha", la gente ya no usaba tapabocas, no se lavaba las manos y menos mantener el distanciamiento social. "Todo era corrupción"

Había aglomeración en todos lados. En los cumpleaños, bodas, bares, despedidas de solteros, fiestas de fin de año de las empresas, los ministerios, el cumpleaños de la yiyi, el yiyo, etc.

Nos fuimos relajando. Ya nadie miraba los informes del MSPyBS. Mazzoleni habla al pedo, Sequera ya no aparece más y Portillo..., ha desaparecido del ámbito público.

Y bueno, lo que hemos venido haciendo hasta ahora es que no se cumplan las predicciones de Vigilancia Sanitaria.

Pero al mismo tiempo. Nuestras autoridades, no se preocuparon en formar médicos y enfermeros para suplantar a los que estaban peleando en los hospitales públicos.

No se compraron los medicamentos, las camas para esperar la segunda oleada. Para la sociedad, los inútiles son el Ministro y los del MSPyBS, no los políticos, ni las autoridades.

Estamos como en el principio. Hemos dado 360 grados, como en una calesita. Dimos una vuelta, estamos en el mismo lugar. Pero en movimiento.

Solo que ahora, tenemos todos los hospitales y sanatorios, públicos y privados, colapsados y el virus tomó impulso. Está matando más rápido que antes. No hay medicamentos, camas, respiradores, profesionales de UTI, Médicos, etc.

Nos venían avisando y no fuimos capaces de entender que "a este Virus se lo combate en la calle, en el día a día, con un protocolo sencillo, y no en los hospitales".

GRIPE VAINTE (GRIPESINHA)

Martes, 24 de noviembre de 2020

Una mañana, en una despensa del barrio, una señora de más de 65 años, me dice: "Ijapu umi Ministeriogua, ndaipori la aipo Covid. Peteî gripe vainte" . (Son mentirosos los del Ministerio (de Salud Pública y Bienestar Social), no hay eso que llaman Covid. Es una gripe mas). "Gripesinha" lo califico el presidente del Brasil, Jair Bolsonaro.

En las calles, muy poca gente utiliza tapabocas para ingresar a lugares reducidos y hay locales comerciales que ya no exigen, ni el lavado de manos obligatorio, ni el uso de tapabocas, ni mucho menos el distanciamiento social.

Los miembros de la Conferencia Episcopal Paraguaya, a través del Obispo Edmundo Valenzuela, han anunciado que no se harán los ritos de celebración del día de la Virgen de Caacupé, que corresponde al 8 de diciembre y que ella (la Virgen) va a entender.

Sin embargo, la población "devota" empezó su procesión hacia la Basílica de Caacupé, desoyendo lo que sus pastores han indicado y los del Ministerio de Salud Pública han recomendado.

Se habilitaron las fronteras, los viajes larga distancia, los vuelos internacionales, y se está pensando en habilitar la presencia de público en los estadios.

Los informes del Ministro de Salud Publica forman parte de una "noticia más" en el día a día y nadie ya le presta atención.

El Director de Vigilancia Sanitaria, Guillermo Sequera ha anunciado que la segunda ola puede que esté a la vuelta de la esquina si no se cumplen las medidas de distanciamiento social, uso de mascarillas, lavado de manos y las visitas restringidas a grupos más reducido de personas.

En Foz de Iguazu, las camas de UTI han llegado al 90% de ocupación y en el Alto Paraná en una noche se dispararon a 300 casos. Sin embargo, la población esteña sigue yendo a la vecina ciudad a comprar todo lo que pueda, sin tomar las medidas sanitarias correspondientes.

A nivel mundial se disparan las alarmas por el rebrote del virus Sars Cov-2, más conocido como Covid-19. Gran Bretaña, Francia y España, han decretado la cuarentena en distintas zonas y en algunos casos, han restringido los vuelos a dichos países.

El mundo espera que una de las vacunas contra el Covid-19 pueda salvar al mundo.

Toda la cultura negacionista habla de que la vacuna que será aplicada es solo una forma de "modificar el ADN humano, para que seamos una especie de mamíferos híbridos", "que es un plan de Bill Gates para vender la vacuna", "que es pura propaganda China para ubicarse como líder mundial del comercio" y otras tantas teorías que circulan por ahí.

Lo cierto y lo concreto es que, los informes del MSPyBS son solo estadísticas de hace 15 días atrás, cuando esto, era el principio del levantamiento de las restricciones.

Los verdaderos números, aparecerán en los próximos 15 días, cuando ya estemos promediando el mes de diciembre.

Este último mes del año, es el más cargado de sentimientos en la población católica paraguaya, porque no sólo vienen las festividades marianas, sino también la navidad y el año nuevo.

Y porque no decirlo, las empresas organizan sus cenas de fin de año, y todo será jolgorio y alegría.

Recordemos nada más. Hace 1 año, nadie tenía la más pálida idea de que los primeros casos de Sars Cov-2 aparecidos en Wuhan, China, se convertirían en la Pandemia Global que hoy estamos viviendo.

Esperemos que enero del 2021, no nos encuentren "atontados por la borrachera de fin de año" pero teniendo que cargar más muertos a la lista del MSPyBS.

Cuidémonos, tenemos una vida por delante.

LA MUERTE EN TIEMPOS DE PANDEMIA

Miércoles, 8 de julio de 2020

Ayer falleció un vecino, tenía 35 años. Dejó 2 hijos pequeños. Tipo guapo, cortaba pasto, árboles, etc., para mantener a su familia. Yo le daba trabajo para realizar en la casa de vez en cuando. Y me impactó su muerte, porque sé que quedan niños huérfanos. Un infarto le mató. FULMINANTE. Mientras estaba trabajando juntando ramas de una poda que hizo.

A pesar de que no es un familiar cercano, es su capacidad de trabajo, su honestidad y su muerte prematura lo que golpea.

Ni siquiera poder ir a su funeral, porque detrás del dinero debemos olvidar el dolor de los hombres, el dolor de la especie humana.

Y ahora están más desprotegidos los niños. Porque deben vivir sin una figura paterna, sin el ingreso que él, con su trabajo, proveía.

Y son los niños los más vulnerables.

Hace días, y desde que inició la pandemia, hay varias personas fallecidas en el entorno familiar o comunitario. Es la vida en su otro extremo. Algunos mueren de viejos, otros por enfermedad o algún tipo de complicación.

Hoy falleció la madre de una amiga, una hermana, una muy buena prima. Y tampoco podemos visitarla para la despedida.

Amigos, amigas, tías, tíos, vecinos, vecinas, van yéndose lentamente y no podemos ir siquiera a despedirlos.

La situación no es lógica, y no hay culpables, porque la sociedad está muriendo de a poco, en la soledad.

Sinceramente, estas cosas afectan emocionalmente.

Hago empatía con el dolor humano. Pero hay otros que no piensan igual.

Pero me quedo con la frase que leí en algún momento: "El dolor de los otros no te afectan, porque no son tus muertos".

LO URGENTE VERSUS LO IMPORTANTE

Domingo, 26 de abril de 2020

En esta carrera por la sobrevivir, la humanidad está discutiendo que es urgente y que es importante.

Por un lado, la humanidad está luchando para evitar la muerte de personas vulnerables, como son los mayores de 60 años y los menores de 3 años, quienes -según los reportes de decesos- son los que más mueren en esta pandemia.

Por otro lado, los sectores empresariales que necesitan seguir ganando dinero, no importando quién es el que muere.

Bajo éstas ideas se debate el Paraguay de hoy.

Viendo a los "Hombres y Mujeres de blanco" prepararse para lo peor de esta pandemia y los demás funcionarios estatales algunos más y otros menos, haciendo de soporte. Aunque muchos de ellos sean "insoportables"

En el otro extremo está la sociedad. Que se debate entre el subsidio estatal de 550.000 guaraníes (83 USD) para una familia por mes, los kits de alimentos proveídos por el estado, a través de algunos municipios y gobernaciones, y la organización de ollas populares por organizaciones civiles, sociales, fraternales, religiosas, etc.

Nuestro país no es el mejor ejemplo de austeridad. Porque la austeridad es cuando algo tenemos en abundancia y nos contenemos en el deseo de utilizarlo. Pero aquí, hay necesidades importantes que también son urgentes.

Primero, un sistema educativo que debería ser evaluado, proponiendo lo que llamo "un salto pedagógico, metodológico y tecnológico", utilizando todas las herramientas a nuestro alcance. Esta pandemia nos mostró que podemos adherir tecnología a las escuelas. Pero debe haber capacitación y formación de docentes, a niveles superiores y no, que me perdonen los maestros que se sientan aludidos, a nivel de "escuela pyhare" (Trad.: Escuela nocturna) (Con su consabido "peichante" (Trad.: Así nomás).

La educación debe ser "despartidizada", pero sí "politizada". Esto podemos debatirlo más adelante.

Segundo, una mejora notable en los sistemas de Salud, reforzando las Unidades de Salud Familiar en los barrios de las ciudades del interior, como mucho foco en el modelo preventivo y no reactivo. Con profesionales de salud comprometidos con la comunidad y no pensando solo en el salario de fin de mes.

En este país, dónde cualquier enfermo debe solventar sus gastos con "polladas" debería de contar con mejores oportunidades de tratamiento, teniendo como base que, una población sana, es más factible de ser educada.

Y aquí entra el tercer elemento, siempre discutido en todos los ámbitos, que es el acceso a una buena alimentación.

Recordemos que nuestra nación se ubica entre los 5 países productores de cereales y oleaginosas del mundo. Las grandes corporaciones hablan de que la producción de soja, maíz y trigo es para alimentar al mundo. Pero, ¿y porque no alimentamos al Paraguay?

Un país con menos de 10 millones de habitantes, produce alimentos, seamos sinceros, para animales de las granjas avícolas y porcinas y el ganado vacuno de Estados Unidos, China y Europa. La ganadería paraguaya tiene el doble de cabezas de ganado que la población paraguaya y todos los animales son bien vacunados y alimentados. No sé si educados, pero si alimentados.

Si bien es cierto que, dentro de la cadena de producción, muchos viven a cuerpo de rey, es bien sabido que los éxitos económicos no "bajan" a todos los niveles sociales y menos al estrato más pobre. Pero este también es un tema para debatir en otro momento.

Cómo decíamos al principio, estamos en un dilema entre "lo urgente versus lo importante".

Y esa realidad nos golpea.

Lo urgente ahora es alimentar a la población, mientras esa misma población se aísla para evitar el contagio masivo por Covid-19 y saturar los centros hospitalarios del país y, por otro lado, "intentar" seguir la vida académica de millones de niños y jóvenes, sin descuidar a los docentes, que hacen esfuerzos extremos para dar las clases virtuales.

Si hemos "aplanado la curva de contagio", ahora debemos aplanar la curva de privilegios de una clase política y empresarial, que ha desaparecido de los medios de comunicación, porque no tienen respuestas, salvo honrosas excepciones, a estos "antiguos problemas sociales".

Debemos pensar en un Paraguay diferente luego de la pandemia.

No podemos seguir eligiendo a políticos que buscan "lucrar" en esta crisis global, y que golpea más duramente a los países pobres como el nuestro.

Esa es nuestra realidad, somos un país con el 80% de la población, que se debate entre la informalidad, las micro y pequeñas empresas y un sistema educativo y de salud precario.

Pero siempre producimos más, para que otros países tengan, lo que nosotros necesitamos con urgencia.

TODO POR UN MURCIÉLAGO

Domingo, 5 de abril de 2020

El Paraguay va sumando contagiados por el COVID-19. Una lucha que inició los primeros días de marzo y que ya van casi 30 días de cuarentena nacional.

Es cierto que el equipo del Ministerio de Salud Pública se impuso ante los asesores Internacionales de la OPS y OMS para imponer la cuarentena, cuando todavía no había, aparentemente, circulación comunitaria y es el motivo por el cual todos estamos manteniendo el distanciamiento social, como "una" de las medidas de mitigación para el contagio de la enfermedad.

Sin embargo, el Ejecutivo, desde el Ministerio de Hacienda, la Secretaria de Emergencia Nacional o los Senadores, Diputados, los Gobernadores e Intendentes, salvo algunos, aún no logran dar tranquilidad a la población distribuyendo los kits de alimentos o el aporte de 500 mil guaraníes para los paraguayos de escasos recursos.

Hoy sumamos más de 113 casos confirmados, con 8 internados y tan solo 5 fallecidos.

Frente a otros países, nuestros números son esperanzadores.

Sin embargo, el comportamiento de un sector de la ciudadanía, sigue dando de qué hablar.

Hay personas que no son conscientes de la gravedad de esta pandemia y minimiza diciendo que es "apenas" un 2% ó 3%" de la población la que se verá afectada por la enfermedad y que necesitará camas de terapia intensiva para curar a la población.

La perspectiva, según los miembros del Ministerio de Salud, es que la pandemia llegue a sus extremos en la segunda quincena de abril.

Para ello, y pensando en los escenarios posibles, ya vienen preparando incluso las bolsas mortuorias o el horno pirolítico de la SENAD para cremar los cuerpos.

Es por estas cosas, y otras más, que unos ponemos atención en lo que dicen los del MSPyBS y no en los rumores de las redes sociales.

Entramos en la Semana Santa, esperando que esto no se dispare a los niveles de catástrofe de algunos países de la región, que detectaron sus primeros casos y no hicieron nada para mitigar el daño poblacional y de salud pública.

La conciencia ciudadana es importante para vencer al COVID-19.

El aislamiento social es necesario y lo más importante, es clave que no interactuemos en las calles o lugares donde haya aglomeración de personas.

Cuidémonos entre todos.

"Unidos venceremos al COVID-19"

COVID-19, NO TODO ACABA AQUÍ.

Viernes, 27 de marzo de 2020

Nadie entiende lo que está sucediendo en el gobierno central.

Pero, evidentemente, hay un sector que no está interesado en seguir las recomendaciones de los expertos en Salud.

Para el empresario paraguayo, la muerte de un obrero, empleado o colaborador es insignificante, pensando en las pérdidas que acarrea para su negocio la paralización de la economía.

"Marx distingue en toda mercancía su valor de uso de su valor de cambio. El valor de uso es el valor que un objeto tiene para satisfacer una necesidad. ... La fuerza de trabajo tiene un valor de cambio (el sueldo que recibe el trabajador) y un valor de uso (su valor para producir otras mercancías)"

Una persona, como dice Marx, tiene un valor de uso y es el valor que ese empleado posee, en tiempo, conocimiento, habilidad o simplemente, mano de obra, para generar ganancias al empleador.

Un obrero muerto, es una pérdida de mano de obra. Pero, para el empresario, es una oportunidad para "cambiar" al personal y adquirir nuevas "piezas" en el engranaje de explotación.

La enfermedad, no es motivo para ausentarse del trabajo.

Y, aparentemente, tampoco una Pandemia.

Las medidas tomadas por los doctores Julio Mazzoleni, Guillermo Sequera y Juan Carlos Portillo para evitar la propagación del Covid-19 están dando sus frutos.

La población ha acatado las decisiones ministeriales como si estuviéramos en una guerra. En el fondo, estamos en Guerra contra un enemigo brutal, la ambición desmedida del empresariado. Salvo raras excepciones.

Las ganancias que ellos tienen haciendo negocios con el estado es incalculable. Hace unos días, se dispararon los precios de los tomates, cebollas y otros productos que el Paraguay ya no produce en la cantidad suficiente para abastecer y autosustentar el mercado interno. ¿Porqué? Porque el empresario, prefiere comprar del extranjero todo, y dejar de lado la producción nacional.

Me temo que las últimas decisiones tomadas por el Gobierno Central han sido impulsadas por sectores productivos que solo prefieren el lucro antes que la salud de la población.

Dejemos de ser hipócritas.

Los empresarios tienen miedo que el Estado les quite los privilegios que ellos tienen, y que consiste, en poner a políticos en el gobierno y poder manejar a su antojo la economía.

Cuando la población empezó a entender que el estado puede funcionar con menos cantidad de empleados, con 20% menos de los salarios de los funcionarios públicos, o con la posibilidad de reducir la cantidad de senadores y diputados, dieron el grito al cielo y se liberaron las restricciones de aislamiento social, cierre de frontera y por sobre todo "aplanar la curva".

Ahora que se concedieron las licencias para hacer análisis de COVID-19 en laboratorios privados, levantan las medidas restrictivas. Hay que producir demanda en el mercado de los test laboratoriales.

Veremos qué pasa. Esperemos no llegar a los niveles de desesperación de Italia, España o Estados Unidos.

POLÍTICA

UN FUTURO MEJOR

Viernes, 18 de noviembre de 2022

En 30 días, TODO VA A PASAR.

Llegada esa hora, las bocas urna o los resultados preliminares van a ir perfilando los candidatos a pugnar por la Presidencia de la Republica, los candidatos a Senadores, Diputados, Gobernadores, Juntas departamentales y en algunos casos, como el Partido Colorado, la elección de nuevas autoridades partidarias, miembros de seccional y otros.

Toda esta parafernalia electoral interna de los partidos políticos fuera de época, aunque la misma ya se venga realizando hace más de un año atrás, se irá diluyendo, dando paso a las Generales del 2023.

Y entre Navidad y Año Nuevo tendremos cierta PAZ ELECTORAL con mensajes de fin de año de los y las candidatas, instando a "un futuro mejor para nosotros y nuestros hijos".

Al entrar nomás enero, en plena feria judicial, empezarán las idas y venidas que nos dará una visión de cómo se verán las caras todos los electos.

La mayor puja electoral se va a dar dentro del Partido Colorado.

La lista 2 con Santiago Peña, y la lista 3 con Arnoldo Wiens van a disputarse la candidatura a presidente por la ANR.

Pero en otra gran puja electoral, estarán Mario Abdo Benítez y Horacio Cartes, que sostendrán su propia pelea por la dominación y el control del Partido Colorado y por ende, los beneficios que traen ser la máxima autoridad partidaria.

La ANR viene, desde hace mucho tiempo, sufriendo estragos en sus filas, por las inmensas denuncias de corrupción que afecta a los movimientos políticos republicanos.

Los "Significativamente corruptos" Horacio Cartes y Hugo Velázquez, sumado a todos los casos de corrupción surgidos en los últimos tiempos, desde Oscar González Daher, y su hermano, el usurero Ramón, incluido el hijo del Ministro de la Corte Suprema de Justicia, Antonio Fretes, no sólo desnudan la "podredumbre" de la que está conformada la ANR, sino también de la necesidad urgente de acabar con la impunidad que las autoridades compran en el Poder Judicial y el Ministerio Publico.

No hay, aún a riesgo de que mi critica pueda afectar en los sentimientos a muchos familiares o amigos que trabajan o dependen del estado, ningún funcionario público que no haya sido tentado con algún acto de corrupción. Y no es ningún mérito ser funcionario público y decir, "mi jefe es, pero yo no".

La ley anticorrupción habla de que quien sabe que existe un acto de corrupción y no denuncia es "cómplice y encubridor".

Es difícil pensar en un futuro próximo sin pensar en que seguiremos soportando a muchos políticos pontificar sobre la moral y las buenas costumbres de la sociedad, cuando la misma carece de voluntad para salir adelante sin necesidad de rendir pleitesía.

Las escuelas se llenan de docentes que hacen campaña en la propia institución educativa, maestras que no dejan a los alumnos expresar su idea sobre la democracia o que prometen una caja de pollo (extraído de entre las cajas decomisadas por la Aduana) a cambio de recibir a las candidatas o candidatos del partido de gobierno.

En nuestro pais, la casta mafiosa empieza durante el periodo electoral, con el nepotismo (Trato de favor hacia familiares o amigos, a los que se otorgan cargos o empleos públicos por el mero hecho de serlo, sin tener en cuenta otros méritos.) y el prebendarismo (Práctica que favorece la distribución de prebendas o empleos lucrativos y poco trabajosos, especialmente en el ámbito político.) para beneficiar a amigos y familiares cuando se accede al poder.

Cuando el 18 de diciembre depositen sus votos recuerden la frase dicha por los candidatos para que voten por ellos, sólo así podrán tener "un futuro mejor para nosotros y nuestros hijos".

LA VANIDAD ES EL PECADO FAVORITO DEL DIABLO

Jueves, 15 de septiembre de 2022

"Un vicio capital es aquel que tiene un fin excesivamente deseable, de manera tal que, en su deseo, un hombre comete muchos pecados, todos los cuales se dice son originados en aquel vicio como su fuente principal. [...] Los pecados o vicios capitales son aquellos a los que la naturaleza humana está principalmente inclinada."

Tomás de Aquino

En la película "El abogado del Diablo", el Diablo (John Milton), interpretado por Al Pacino, le explica al Abogado Kevin Lomax, (Keanu Reeves) "reconoce que su pecado favorito es la vanidad, en otras palabras, lubricar el apetito humano y conectar sus necesidades a los impulsos insaciables del ego".

Es decir, el apetito (GULA) humano (SOBERBIA) que conecta necesidades (AMBICION) teniendo impulsos (IRA) insaciables (LUJURIA) del ego (AVARICIA) nos llevan a pensar que quien adolece de la "VANIDAD" conlleva dentro de sí todos los 7 pecados capitales, incluida la PEREZA.

Esta pequeña introducción a los pecados es para analizar "contra QUÉ, contra QUIÉN o contra QUIÉNES" se está luchando para recuperar los 7.030 metros cuadrados de la parroquia Sagrado Corazón de Jesús, que fueron donados por la Itaipu Binacional a la Diócesis del Alto Paraná y que "el difunto y suspendido Monseñor Rogelio Livieres Plano" "DONÓ" a favor de una Asociación Civil Stella Maris.

En el programa CONTACTO de fecha 14 de setiembre del 2022, fieles de la Parroquia Sagrado Corazón de Jesús, del barrio Las Américas (Área 6) de la ciudad de Hernandarias manifestaron su pedido de "revocatoria" de la transferencia del inmueble hecha por el entonces Obispo del Alto Paraná a la Asociación "privada" Stella Maris.

¿QUÉ ES LA ASOCIACIÓN STELLA MARIS?

Los fieles de la Parroquia, aducen que la Asociación Stella Maris es una entidad privada que no tiene vínculos jerárquicos con la Iglesia Católica. Es decir, el único vinculo que le unía a la Asociación Stella Maris era la Comunidad Religiosa de Jesús. organización a la cual ellos como asociación apoyaban, y que fue "disuelta" por el Monseñor Guillermo Steckling, actual Obispo del Alto Paraná.

Esta decisión apostólica, no fue "aleatoria y caprichosa" como alegan los seguidores de la Comunidad y la Asociación, sino fundamentada en varias visitas, informales y canónicas, a la comunidad y luego de consultar con las autoridades correspondientes, prohibiéndoles, incluso, la no utilización del hábito y la posibilidad de unirse a otra congregación o formar una nueva, bajo la obediencia y auspicio de la Diócesis del Alto Paraná.

Pero en esta lucha por recuperar la propiedad de 7.030 metros cuadrados de la Parroquia, los fieles han expresado su temor ante la eventualidad de la disolución de la Asociación.

Esto, según el Art. 34, llevaría a que la propiedad sea vendida y el dinero enviado a la Society of Saint John o la Prelatura Personal de la Santa Cruz (OPUS DEI).

Es decir, la propiedad que fue donada por Itaipu Binacional a la Parroquia Sagrado corazón de Jesús terminará en poder de extranjeros por que el "difunto y suspendido Mons. Livieres Plano y sus seguidores" así lo quisieron desde el principio.

¿QUIÉN ES ROGELIO LIVIERES PLANO?

El "suspendido y difunto Rogelio Livieres Plano" era argentino, nacido en Corrientes, formado como abogado, escribano y ordenado sacerdote el 15 de agosto de 1978 en España, bajo la Prelatura de la Santa Cruz (OPUS DEI).

Fue nombrado Obispo del Alto Paraná, por el Papa Juan Pablo II en el año 2004 y a partir de ahí, su "acción apostólica" tuvo como fundamento principal, cultivar su megalomanía.

Ordenó sacerdotes en el Seminario San José que creó para el efecto y constituyó de esa manera una caterva de "fieles seguidores y fanáticos" que no sólo tenían "cierta formación religiosa, sino más bien ambiciones personales".

Entre sus sacerdotes y protegidos está el argentino Carlos Urrotigoity, acusado por PEDOFILIA y ACOSO SEXUAL a seminaristas en Argentina y Estados Unidos.

Urrotigoity está vinculado a los casos abuso sexual en más de 1000 niños, que derivaron en una investigación periodística del Boston Globe, ganadora de un premio Pulitzer, y que se llevó al cine en la película "Spotlight", ganadora del Oscar 2015, con actores de la talla de Michael Keaton, Marc Ruffalo, Rachel Max Adams entre otros.

Ya en 2002, Urrotigoity, fue acusado de tener "un patrón de mala conducta sexual", "dar alcohol y cigarrillos a los adolescentes", "compartir la cama o bolsas de dormir con seminaristas" y "tocar de forma inapropiada a jóvenes".

Sin embargo, bajo el Obispo Livieres Plano, el citado sacerdote fue nombrado "Vicario General de la Juventud" y "Superior de la Congregación San Juan, en la parroquia Espíritu Santo de Ciudad del Este", teniendo a su cargo a varios seminaristas.

Otro caso, apoyado por el Obispo Livieres fue el caso del sacerdote, también argentino, Aldo Omar Vara (+) que "era buscado por la justicia argentina por presuntamente proteger crímenes de lesa humanidad. ocurridos en tiempos de la dictadura" cuando fue capellán del V Cuerpo de Ejército.

Vara falleció en "extrañas circunstancias", justo cuando estaba esperando su extradición a la república Argentina.

Los casos de sacerdotes "ordenados y promovidos" por Livieres Plano, y que terminaban sus trabajos pastorales de manera "turbia y, aparentemente, desorganizada".

Ese es el caso de la parroquia Espíritu Santo, donde el Padre Kevin Lieberman dejó el fondo de la parroquia con tan sólo 54.000 guaraníes.

En el caso Lieberman, no sólo está el sacerdote en cuestión, sino también el propio Livieres Plano, con amigos suyos miembros del OPUS DEI y dueños de la empresa argentina DOMUS S.A. que había "prestado" 250.000 dólares americanos para unas "reformas en la parroquia". Para ello el padre Lieberman firmó pagarés en nombre de la parroquia Espíritu Santo.

Las auditorías realizadas sólo en esta parroquia arrojaron claridad en el mal manejo de los bienes de la Iglesia, porque el padre Lieberman rindió cuentas con facturas clonadas de distintas casas comerciales, por montos multimillonarios.

Teniendo todos estos antecedentes durante su gestión como Obispo Livieres -protección a criminales, recibir donaciones en efectivo de la Itaipu Binacional cuya rendición no tenía un sustento documental serio, vender o intentar vender propiedades de la iglesia en Ciudad del Este, Mallorquín, Hernandarias o acusar al entonces Arzobispo de Asunción Pastor Cuquejo de homosexual- llevó al Papa Francisco a suspenderlo y removerlo de la Diócesis del Alto Paraná por desobediente, actitud poco fraternal y una administración sospechosa de mal manejo de los bienes de la iglesia.

Es decir, Livieres era un "megalómano, avaro, malversador de fondos religiosos y por sobre todo un CORRUPTO".

Una nota resaltante de la personalidad de Livieres Plano es que cuando ya estaba en su lecho de muerte, del cual él mismo no sabía, escribió una carta al papa Francisco pidiéndole perdón y reconociendo su autoridad como cabeza de la Iglesia Católica.

¿QUIÉNES SON LOS SEGUIDORES?

Como vimos, tanto Livieres Plano como sus seguidores, sean sacerdotes o no, son personas de "muy poca confianza en el manejo del dinero y bienes de las parroquias" del Alto Paraná.

En su mayoría, no todas, son personas a quienes se les debe rendir honores, poner casullas y ornamentos de oro para su propia vanidad. Todos ellos gustan de imponerse en sus decisiones, amenazando con "quitar la espada", como si fueran caballeros de la edad media o directamente, desobedeciendo a la autoridad suprema de la Iglesia, como es el Papa Francisco o los Obispos por él asignados.

En todo momento, como vemos, sólo tienen intereses personales para cuidar y colaborar en el engrandecimiento de las organizaciones casi fascistas que promueven el odio a quienes no están de acuerdo con sus ideas.

Ya Livieres era así.

Destinó a la mayoría de los sacerdotes diocesanos a comunidades alejadas de Ciudad del Este, tanto del Alto Paraná y Canindeyú, y ubicó a los sacerdotes formados en 4 años en las parroquias y comunidades cercanas, donde podían expoliar los bienes de la iglesia.

CONCLUSIÓN

Estas organizaciones cuasi criminales fueron creadas por el Obispo Livieres para despojar de los bienes de la Iglesia y que las mismas queden en manos de organizaciones civiles, supuestamente, sin fines de lucro.

Y en ellas están involucradas personas que no tienen escrúpulos para "desobedecer, manipular, mentir, estafar y malversar los fondos de la Iglesia".

Es lógica la preocupación de los Fieles de la Parroquia Sagrado Corazón de Jesús al ver que los 7.030 metros que, por el momento, están en poder de la Asociación Stella Maris terminen en manos de organizaciones extranjeras.

Y aquí debemos reafirmar que la transferencia secreta de los 7.030

metros de propiedad de la Parroquia Sagrado Corazón de Jesús es ilegal y debe ser REVOCADA YA.

Fuentes consultadas:

-https://www.abc.com.py/edicion-impresa/internacionales/urrutigoity-entre-abusadores-1732233.html

-https://www.abc.com.py/edicion-impresa/locales/millonaria-indemnizacion-salvo-a-urrutigoity-acusado-de-pedofilia-1253163.html

-https://www.ultimahora.com/obispo-elimina-la-comunidad-creada-livieres-plano-n1070756.html

-https://www.abc.com.py/edicion-impresa/interior/echan-a-cura-urrutigoity-de-diocesis-de-c-del-este-1376462.html

-https://www.mendozapost.com/nota/31860-el-cura-acusado-de-pedofilia-que-se-refugia-en-san-rafael/

-https://www.ultimahora.com/muere-cde-sacerdote-argentino-buscado-crimenes-dictadura-n800708.html

-https://www.abc.com.py/edicion-impresa/politica/livieres-plano-maquilla-el-informe-sobre-uso-de-dinero-de-itaipu-67148.html

-https://www.pressreader.com/paraguay/abc-color/20171205/281483571712580

CUÍDATE DE LOS IDUS DE MARZO (*)

Domingo, 7 de marzo de 2021

(*) Esta frase que fue dicha por una pitonisa al emperador Julio Cesar y a pesar

de que el mismo, creía en los augures y arúspices hizo caso omiso a esta frase. Sin embargo, se cumplió cuando el mismo fue asesinado por los propios Senadores.

Hace 4 días la población, salió a la calle a dar su opinión, hacer escuchar su voz, sus reclamos.

Todo esto sucedió luego de que familiares de pacientes enfermos por Covid-19, internados en el INERAM reclamaran la falta de medicamentos, y la venta "paralela" para los tratamientos que terminaban en la venta de hasta las viviendas de los familiares internados en las camas de terapia.

En contrapartida, el propio Ex-Vice Ministro de Salud, Dr. Julio Rolón salió a decir que "sí, había".

Esta conferencia de prensa, fue "la gota que llenó el vaso" porque la misma, centraba en el hecho de que los medicamentos solicitados, existían en los depósitos del Ministerio de Salud Pública y Bienestar Social (MSPyBS), dando a entender que "no había necesidades urgentes" y que los familiares estaban mintiendo.

Al día siguiente, el propio Vice Ministro, se dió un baño de realidad al ir al INERAM y sentir en carne propia las necesidades de la gente.

Desde marzo del 2020, la población aguantó el encierro, las promesas de inversión en camas y medicamentos y muchos otros hechos que pusieron en contexto la, aparente, "falta de gestión administrativa del ahora Ex Ministro Julio Mazzoleni" en la compra de dichos medicamentos y las vacunas para inmunizar al personal de blanco y la población más, vulnerablemente, afectada.

Al principio, los misiles apuntaron a Mazzoleni, Sequera, Rolón Vicioso, etc., es decir, sólo a los del Ministerio de Salud Pública y Bienestar Social (MSPyBS).

Algunos empresarios, dueños de farmacéuticas y laboratorios, posteaban que era la "peor administración" en Salud Pública, como queriendo indicar que ellos sí tenían, y que los del MSPyBS no compraban por negligencia, o burocracia, dejando que muera la gente.

"La corrupción es un baile de a dos"

Cuando la ciudadanía comenzó a entender que el problema no está en solo cambiar los hombres que dirigen las instituciones públicas, sino a una "corrupción instalada, enquistada y haciendo metástasis en el poder público desde hace décadas", incluso, es transversal a todos los gobiernos y partidos políticos, salieron a la calle a protestar y reclamar al gobierno central.

Pero una vez que renunció el Ministro de Salud, las críticas apuntaron al propio presidente de la República, Mario Abdo Benítez y a toda la clase política, especialmente, a los colorados, por estar en el poder.

Con esto enfrente, el presidente decidió destituir a 3 ministros y se consiguieron 20 mil vacunas, de procedencia china, "donadas" por el gobierno chileno, para salvar el "APOKYTÂ" (Pedazo de carne) y el, posible, pedido de Juicio Político.

Hoy, siguen las protestas, incluso frente a la casa del Ex-Presidente Horacio Cartes, incluyendo la represión por la policía, que el viernes 5, en el centro de Asunción, tuvo que pedir tregua ante la violencia desatada con los manifestantes.

En todos los espacios, se discuten entre la ciudadanía, los analistas políticos, medios de comunicación y actores sociales y políticos de la oposición, que la única salida es el Juicio Político al Presidente, Mario Abdo Benitez (ANR-Añetete) y Vice Presidente, Hugo Velázquez (ANR-Añetete).

Con esto, y si se realiza antes de la mitad del gobierno de Mario Abdo, debe asumir el presidente del Congreso y Titular del Senado, Oscar "Cachito" Salomón (ANR-HC), con la firme intención de llamar a nuevas elecciones presidenciales e incluso parlamentarias.

Pero el problema no va terminar allí, porque las opciones, si se realiza el Juicio Político, luego de la mitad del mandato actual, son igual o peor que las actuales.

Seamos sinceros.

En la línea de "Sucesión", luego del titular del Senado, siguen el titular de la Cámara de Diputados, Pedro Alliana (ANR-HC), luego el Ministro de la Corte Suprema, Dr. César Manuel Diesel (Cercano al Ex-Presidente Horacio Cartes).

Sin embargo, hay una opción, que podría ser la solución y lo plantea la propia Constitución Nacional (Artículo 234-De la acefalia), y dice, entre otras cosas, que el Congreso Nacional, por mayoría absoluta, puede elegir entre sus miembros o a cualquier ciudadano, que cumpla con los requisitos, para culminar el mandato del presidente destituido.

En mi análisis, no va pasar mucho tiempo y nos daremos cuenta que el problema no era cambiar a Julio Mazzoleni o los ministros.

Seguimos en la joda.

Los políticos que manejan la corrupción en el estado, siguen en funciones, esperando que los "protestones, drogadictos, borrachos y gente tekorei" (Holgazán)se aburra y se vaya a su casa.

Sin embargo, en estos momentos todavía "nadie aplacó la ira de los dioses", que antes se calmaban con sangre de mártires, como fue aquel "Marzo Paraguayo de 1999".

Gente sin mascarilla, sin distanciamientos social. No cumpliendo los requerimientos mínimos para evitar contagiarse con el COVID-19.

Quedarse en la casa es una opción, pero nadie cumple, en lo más mínimo.

Salir a trabajar, cuidando el protocolo, o hacerlo desde la casa, también es una opción.

Las vacunas son una opción, pero ante la llegada de las nuevas cepas del COVID-19, específicamente, la mutación amazónica, no hay garantías de éxito.

Debemos estar preparados, se viene dura la semana.

DR. MARIO CASTILLO, IN MEMORIAN

Lunes, 22 de febrero de 2021

La muerte del Abogado Mario Castillo, el día de hoy, lunes 22/02/2021, enluta no sólo a su familia, ni al Partido Liberal Radical Auténtico (PLRA), sino a toda la comunidad de Hernandarias.

Fue un hombre importante en esta ciudad, no sólo como docente y abogado, sino, principalmente, como político.

Su candidatura y posterior elección como Intendente de la ciudad de Hernandarias en noviembre del 2010, vino a poner tranquilidad en la comunidad.

A partir de su elección, terminó la división tanto en el PLRA como en el Partido Colorado, porque recibió el apoyo de distintos sectores internos de la ANR, quienes ya estaban hartos de las peleas entre dos políticos republicanos.

En aquel entonces, los concejales Carmen Álvarez y Blas Leguizamón, se disputaban la Intendencia, día y noche, poniendo en ridículo a toda la clase política de la ciudad, con argucias de patoterismo, bravuconadas y por sobre todo, utilizando a la justicia, siempre sometida a los intereses políticos, con querellas, demandas, contrademandas y órdenes judiciales, obtenidas en juzgados de Coronel Oviedo o Villa Hayes, entre otras.

La raíz del problema fue la renuncia de Andrés Retamozo, como intendente, porque fue electo diputado el 20 de abril del 2008.

La ambición de esos políticos perjudico mucho tiempo a la ciudad. Había cobros indebidos, doble facturaciones, cajas paralelas, robo de equipos de computación, documentos, etc. Con la elección de Mario Castillo todo eso cambió.

Muchas obras fueron hechas durante su administración y, específicamente, las Unidades de Salud Familiar (USF) en los diferentes barrios, que tuvieron el apoyo de los vecinos y la intendencia en un trabajo en conjunto con el Ministerio de Salud Pública y Bienestar Social (MSPyBS).

A pesar de las denuncias en su contra, orquestadas por políticos colorados, "nunca pudieron demostrar que se enriqueció", ni utilizó fondos de la Municipalidad para su beneficio personal. Sin embargo, en contrapartida, muchos intendentes colorados han dilapidado los fondos y arcas municipales a mansalva y nunca fueron, ni siquiera sancionados o amonestados por la Junta Municipal, el Tribunal de Cuentas o la Contraloría General de la República.

En la actualidad, de todos los candidatos a Intendente, de todos los partidos, representaba la mejor opción para volver a retomar distintos proyectos comunitarios importantes, porque era capaz de escuchar, recibir a la gente, no le importaba el partido, y sabía dónde había necesidades.

Fue uno de los que más apoyo al área cultural, deportiva y social de la ciudad de Hernandarias.

No sabemos si es el destino de esta comunidad de Hernandarias tener que prescindir de su valor humano, y tener que despedir a uno de sus mejores intendentes, pero la realidad es que el COVID-19 es el gran responsable por esta desgracia.

Nadie es inmune, ni tiene el dinero o el poder suficiente para vencer a este mal.

NADA QUE ENVIDIAR

Martes, 10 de noviembre de 2020

Las Elecciones Presidenciales en los Estados Unidos, pese a quien le pese, es muy importante para el resto del mundo.

"La tierra de las libertades", "del sueño americano", "de las oportunidades", viene derrumbándose hace un buen tiempo.

Cuando llegan los Republicanos al poder, las "hachas de guerra" salen y son ondeados con virulencia. Esto no quita la responsabilidad a los Demócratas, quienes también blanden "hachas de guerra" cuando es necesario, pero se diría que son un poco menos "violentos" en sus relaciones internacionales.

Pero aquí la cuestión, viene por el lado de las elecciones a Presidente.

Además de ser un sistema, según ellos democrático, pero para el resto del mundo complicado y que no refleja la voluntad popular, van varias elecciones donde se duda del resultado desde el inicio hasta el fin.

Solo para recordar, el Republicano George W. Bush ganó las elecciones del año 2000 frente a Demócrata Al Gore en medio de controversias en el conteo de votos. Bush obtuvo 50.456.002 votos, pero obtuvo 271 lugares en el Colegio Electoral, lo que permitió que se convirtiera, nuevamente, en presidente de los Estados Unidos para su primer mandato.

En dicha oportunidad, Al Gore obtuvo 50.999.897, pero tan solo 266 lugares en el Colegio Electoral.

En el 2016, la elección del Empresario y Republicano Donald Trump, fue contundente en lo que respecta a los números en el Colegio Electoral, donde gano 304 lugares y la candidata Demócrata Hilary Clinton, tan solo 227 votos electorales.

Sin embargo, y como sucedió en el 2000, Hillary Clinton obtuvo 65.853.514 votos populares, frente a ls 62.984.828 que obtuvo el ganador Trump.

En definitiva, quien gana no necesariamente es el más popular, sino quien obtuvo 270 votos electorales en el Colegio Electoral.

La gran pregunta es, ¿Cómo puede considerarse una sociedad democrática, con un sistema donde el voto de los individuos no tiene valor por la sumatoria y sí el voto de unos 8 estados de la unión, que "normalmente" definen las elecciones?

Las elecciones realizadas el 3 de noviembre del 2020, tienen todos los condimentos de considerarse las más disputadas de todas y las más mediáticas porque los medios de comunicación han estado al corriente de cada uno de los incidentes que hubo a partir del conteo de los votos.

Solo para recordar, el candidato Demócrata Joe Biden ha obtenido un total de 75.404.182 votos

populares y 284 votos electorales en el Colegio Electoral, frente a los 70.903.094 que obtuvo Donald Trump. Con esto, no solo Biden supera a Barack Obama en la cantidad de votos populares, sino que inscribe en la historia al llegar acompañado de la Primera Mujer a la Vice Presidencia de los Estados Unidos, Kamala Harris.

Luego de superar los conteos en Pensilvania, y confirmar que los votos electorales quedaron para el Demócrata Joe Biden empezaron a desatarse las idas y venidas de comentarios, los análisis de expertos en los Medios de Comunicación y las redes sociales de todo el mundo. Pero, los reclamos del Presidente Donald Trump, exigiendo el recuento de votos fueron el destaque.

Al igual que Paraguay, donde "tu voto vale doble", "votan los muertos", "hacen la calesita, en el cuarto oscuro", "marcan las papeletas, para anular las boletas" o "falsifican actas electorales" e incluso, hacer algún "trato apu´a" (Refiere a algún tipo de arreglo bajo la mesa) lo que sucede en Estados Unidos es para seguir alquilando balcones.

El país de la "eterna democracia" tiene un Presidente (Donald Trump) que no quiere reconocer los resultados electorales y exige que se "recuenten los votos".

Esto que ahora sucede en los Estados Unidos es parte del folclore electoral en los municipios, gobernaciones o presidenciales del Paraguay, e incluso en la elección de un presidente de alguna Comisión Vecinal.

Nadie sabe el resultado en nuestros países, hasta el último momento, porque "los caminos del recuento de votos" son "anchos y pecaminosos". Más aún con la maquinaria electoral de los partidos tradicionales y las prácticas culturales arraigadas del "acarreo de votos", "compra de cédula", "compra de punteros" o "alquiler de los vehículos del oponente".

Si en los Estados Unidos de Norteamérica, estuviera instalada una Embajada Norteamericana, como lo tenemos en nuestros países, el embajador ya se hubiera pronunciado solicitando "el respeto a la voluntad popular" y, lógicamente, todos hubieran aceptado a Joe Biden como el Presidente de los Estados Unidos.

Como sociedad, no tenemos nada que envidiar al sistema electoral de los Norteamericanos. Al contrario, su "sistema" es el menos democrático, ni siquiera refleja la voluntad popular.

LAS REDES SOCIALES Y SU IMPACTO

Miércoles, 26 de agosto de 2020

Dos hechos sucedieron en estos días en redes sociales que tienen el mismo impacto, pero con diferentes repercusiones.

Por un lado, el vídeo del cumpleaños de una conocida modelo, donde se le ve al Ex-Vice Ministro de Salud participando y compartiendo sin las medidas de protección adecuadas y recomendadas por el propio Ministerio de Salud Pública y Bienestar Social para todos los demás habitantes de la república, y culminó con la renuncia del mismo Vice Ministro al cargo que ocupaba.

Por otro lado, un vídeo de unas niñas haciendo una presentación sobre el folclore y los mitos guaraníes, terminó con memes de una de las participantes que no solo representaban a uno de los seres mitológicos, sino que la propia captura de imagen termino viralizándose en las redes sociales.

Es bien sabido que el impacto de Facebook, Whatsapp, Twitter, Messenger o Instagram es muy fuerte en estos tiempos de pandemia.

Pero mi reflexión va por el lado de la responsabilidad que deben asumir quienes divulgan imágenes, audio o vídeos, que deberían de permanecer en el ámbito privado, sin el consentimiento de los participantes.

Mi intención no es defender, ni atacar a nadie.

Pero estos dos hechos me hacen reflexionar sobre la responsabilidad que tienen los que comparten imágenes de niños o adultos que, aunque parezcan graciosos, en muchos casos atentan contra la privacidad de los que aparecen en los materiales.

Ya circularon vídeos, mucho antes que existiera Facebook o Whatsapp de conocidas modelos con sus parejas o amigos ocasionales, siendo uno de los más famosos casos en el que la "victima" (podemos llamarla así) tuvo que ir a vivir a otro país para rehacer su vida.

Compartir vídeos, fotos o audios es normal en la sociedad, pero, en muchos casos, hacen daño a las personas involucradas.

Sin embargo, la filmación o grabación a funcionarios públicos o autoridades nacionales, deben estar supeditadas al ejercicio del periodismo, siempre y cuando, dichos materiales revelen que esas personas están cometiendo delitos de acción penal pública. Es decir, hechos de corrupción, tráfico de influencia e incluso, extorsión o soborno de y a funcionarios públicos o, como en el caso del Ex Senador Oscar Gonzalez Daher, donde grabaron las conversaciones a través de un teléfono preparado a tal efecto.

Y aquí va el otro punto de mi reflexión.

¿Quién le da derecho a alguien a filmar, fotografiar o grabar, y luego difundir el material a otros grupos o subirlos en redes sociales con fines recreativos?

Es bien sabido que algunos países regulan, a través de códigos de ética periodística, la divulgación de materiales con fines periodísticos o recreativos, estableciendo castigos y penas a quienes infringen estas normas.

Por último, no debemos olvidar que las redes sociales son herramientas interesantes para la interacción social, la reflexión comunitaria o la libertad de expresión.

Sostengo, que las redes sociales nos permiten expresar todas nuestras frustraciones, nuestros deseos o pensamientos, cuando antes era necesario o publicar en un periódico o llamar a las radios para expresarnos y en algunos casos, escribir cartas para hacer llegar nuestras inquietudes.

Me adhiero a la idea de Voltaire, que expresaba "no estoy de acuerdo con tus ideas, pero defiendo tu sagrado derecho a expresarlas", y agrego, "siempre y cuando no exponga a nadie al escarnio y la burla".

Ya lo dijo el filólogo y escritor Umberto Eco: *"las redes sociales le dan el derecho de hablar a legiones de idiotas que primero hablaban solo en el bar después de un vaso de vino, sin dañar a nadie. Ellos eran silenciados rápidamente y ahora tienen el mismo derecho a hablar que un premio Nobel. Es la invasión de los idiotas".*

CUARENTENA POST CUARESMA

Domingo, 12 de abril de 2020

Para mucha gente, llegar a los cuarenta años es sinónimo de que se está tomando el último tramo de la juventud…, y es, a partir de los 50, que ya entramos en la segunda mitad del siglo que nos podría tocar vivir.

Soy de la generación que uso Lotus 123 o Wordstar en las primeras computadoras 286. Que usamos discos flexibles para copiar datos de una computadora a otra. Que vio los Magníficos o Mazinger Z en la televisión en blanco y negro. De los que escuchamos "La voz del coloradismo" en la cadena de radios del régimen dictatorial de Alfredo Stroessner. De los que quitábamos la nota 10 (felicitado) o un "3 pyta'i" (Trad.: Tres rojito) como nota en la escuela o el colegio. De los que traducíamos, leíamos y pronunciábamos, correctamente, "Ego primam tollo nominor quia leo" (Yo me llevo la primera parte porque me llamo León) y estudiábamos "Cosmografía" como parte de nuestra formación secundaria.

En esta pandemia por COVID 19 (Coronavirus) estoy viendo a mi generación y las anteriores a la mía, pelear con fuerza contra un mal del que nadie, en el mundo, estuvo preparado.

Como nación, nos recordamos constantemente, que hemos sido casi exterminados en una guerra contra tres países. Que luchamos una guerra por el petróleo que se llevaron los de la Stándar Oil y otras empresas norteamericanas, y que hizo más pobres a Bolivia y Paraguay.

Nos animamos con frases como "el paraguayo es solidario", "el paraguayo es hechakua'a" (Trad.: empático) y vemos en las calles actos de mucho amor y fe con el prójimo.

Pero en el otro extremo, están los de mi generación y las otras también, que robaron las riquezas de este país, destruyendo sus bosques, traficando sus riquezas, explotando a sus compatriotas por un "mendrugo de pan". Los que roban las arcas municipales, departamentales y nacionales para enriquecer a sus familiares y amigos, llevando el dinero que correspondía a salud y educación.

Generaciones que amañaron contratos con el estado o en Uniones, Cámaras o Federaciones de obreros o empresarios, que negociaron contratos y ventajas para dar a sus amigos y parientes el dinero del pueblo. Y la culpa no es de los políticos de izquierda o de derecha. No es del partido colorado, de liberal o el socialista. La culpa no es del gordo, el flaco, el blanco o el negro.

Esta pandemia, nos muestra lo bello de la vida y lo terrible de los que solo piensan en la acumulación de riquezas.

Y es claro que los pobres, los desvalidos, los miserables, son los que sufren en esta cuarentena. Porque ellos son los obreros de las fábricas, las secretarias de las oficinas o los chóferes de colectivo. Ellos son los que reciben "poca paga", "no tienen horas extras" o "esperan en las salas de hospitales precarios". Ellos son el 80% de la población que mueve la economía.

Este es el momento en que debemos de pensar en el verdadero cambio. Que renazcamos como nación luego de la cuarentena. Que podamos "resucitar" para mejorar como país y como ciudadanos.

TENEMOS UNA SOLA OPORTUNIDAD

Miércoles, 18 de marzo de 2020

En estos tiempos de cuarentena y toque de queda, está saliendo la filosofía de muchas personas para pensar la realidad que se está viviendo.

Uno de los análisis que hago sobre la situación que nos toca vivir como humanidad y como paraguayo, es que la naturaleza, víctima de la ambición del hombre moderno, del consumidor empedernido, del homo sapiens, del guerrero infernal, del constructor de Pirámides y explorador del espacio infinito, ha tenido que recluir al ser humano a su casa para entender que nada, ni el dinero, ni el poder, ni los misiles o la prepotencia —como la de Bolsonaro, que calificó de histeria- pueden contra ella.

Para hacernos entender lo frágil que es el sistema, ha utilizado a un virus.

 Quizás el COVID-19 (Coronavirus) sea la más pequeña de las criaturas del planeta y nos obliga a "refugiarnos en nuestras casas", amenazados por su letal presencia.

Ahora, no hay régimen, país pobre o potencia hegemónica, democrática o dictatorial que pueda hacer frente ante tamaño peligro para nuestra especie.

En nuestro país, los gobernantes (salvo algunas raras oportunidades y excepciones) se han pasado lapidando los recursos del estado, repartiendo cargos entre sus amigos y familiares, utilizando el dinero público como su caja chica y disponiendo de los recursos destinados a Educación y Salud para beneficio personal y no para la ciudadanía.

Durante cuánto tiempo, la sociedad, las organizaciones sociales y especialmente, los profesionales médicos que fueron Ministros de Salud (en algunos casos, valga la aclaración) o Directores del Hospital de Clínicas (El hospital de los pobres), han reclamado que el dinero destinado a Salud era escaso e insuficiente para enfrentar situaciones como la que estamos viviendo.

Hasta ahora recuerdo la mayor tragedia civil del Paraguay, el incendio del Supermercado Ykua Bolaños. Ese día, todo colapsó. Y fueron más de 400 muertos en una sola mañana. Todos ayudaban, todos donaban, todos nos uníamos en una sola voz para decir "No cierren las puertas".

Sin embargo, nunca aprendimos esa lección.

Nuestros diputados y senadores se asignan dietas multimillonarias, seguros médicos VIP, viajes en primera clase, Secretarias y Jardineros de ORO, y la población en general, sólo recibe migajas.

La clase empresarial, acostumbrada a vivir de las tetas del estado, porque no podemos negar que muchos "empresarios viven ganando licitaciones y apostando al libre mercado" o beneficiados con bajos impuestos; pero, en el fondo, regulado por ellos y sus amigos políticos.

Nuestra clase política es idiota. No hay dudas de eso. Me disculpan los amigos políticos, pero es así. Ya lo decía uno de los más grandes pensadores y políticos nacionales, el Dr. Cecilio Báez, "El Paraguay es un pueblo de cretinos".

No lo dijo con el fin de "menoscabar" a la población, sino apostando a que despierte de ese letargo que produce la ignorancia de un pueblo que no sabe distinguir entre un hombre sabio e inteligente y un "ambicioso y egoísta" convertido en dirigente político que sólo va beneficiar a sus amigos y parientes. (Dejo las otras interpretaciones de la frase a los revisionistas).

En estas horas de refugio en nuestros hogares, los políticos dicen que van a donar parte de sus salarios o dietas con el fin de "ayudar al sector de la salud".

No es esa la solución.

El camino es reorganizar el estado. Quitar a los parásitos que pululan en todos los ministerios e instituciones públicas, en las binacionales e instituciones autárquicas.

Se deben reasignar recursos. Disminuir la cantidad de senadores y diputados, eliminar a los parlamentarios del Mercosur y algunas que otras instituciones departamentales y municipales.

Aumentar el salario del personal médico, enfermeras y profesionales de la salud. Mejorar la infraestructura para evitar estos sofocos. Una población sana, puede educarse mejor.

Pero luego de esta PANDEMIA, ya nada será igual que antes.

Mientras no se encuentre una vacuna, y si se encontrare, estaremos indefectiblemente, enterrando a nuestros seres queridos mientras esperamos los recursos para comprar.

La sociedad paraguaya, en su mayoría, está respetando todas las recomendaciones de las autoridades.

Encerrados en nuestras casas. Esperemos que, al terminar esta dura jornada, no estemos de nuevo llorando por medicamentos, camas de terapia o recursos para personal de blanco.

Es hora de pensar. Es hora de cambiar. Tenemos una sola oportunidad.

TOQUE DE QUEDA EN TIEMPOS DE DEMOCRACIA

Lunes, 16 de marzo de 2020

Hace 31 años cayó el gobierno de Alfredo Stroessner.

Hoy, el hijo del Secretario Privado de Stroessner es el Presidente de la República.

Uno de los opositores al régimen, y víctima de la dictadura stronista, es el Ministro del Interior.

Paradójicamente, ambos están en la situación de decretar "Toque de queda, pero que no es toque de queda" he'i (dice el) Ministro.

Muchos que vivimos en la época de Stroessner recordaremos la Chevrolet Custom, más conocida como "Caperucita Roja".

Esta camioneta recorría las calles buscando a aquellos que rompían con el estado de sitio o el toque de queda.

Para muchos Stronistas ésta situación debe estar trayéndoles buenos recuerdos, pero para otros no.

En aquella época, el toque de queda no era por culpa de un virus como el COVID-19. Era para impedir que los opositores al régimen de Stroessner se reúnan o se organicen.

Estamos transitado una larga noche de democracia, y ahora vivimos, lo que, para algunos politólogos y analistas, es la III Guerra Mundial.

No contra un enemigo humano. No contra una forma de pensamiento. No contra un país, sino contra la propia naturaleza que busca equilibrar el mundo.

En estos días, nuestra sociedad no debate si sos socialista, liberal o colorado, rico o pobre, alto o bajo, gordo o flaco, árabe o cristiano.

La idea de la humanidad es combatir, todos juntos, contra el enemigo invisible.

El mundo colapsa porque el hombre destruye la naturaleza detrás del lucro.

Sin embargo, la naturaleza no destruye nada, solo la transforma.

Hoy, no es el tiempo de las rencillas tontas por colores o banderas. Es la hora de protegernos a nosotros y a nuestras familias.

Seamos conscientes y reflexionemos que ésta situación se da porque nuestros sistemas de Salud van a colapsar si la Pandemia se hace real en Paraguay.

Hasta ahora, todas las medidas son paliativas. No hay remedio, no hay vacuna; solo prevenir.

EL SÍMBOLO DEL SOMBRERO BLANCO

Jueves, 12 de diciembre de 2019

En el año 2007, tres fiscales anticorrupción fueron destituidos y enviados al Jurado de Enjuiciamiento de Magistrados por no tener contemplación a la hora de investigar los casos de Corrupción, Lavado de dinero e incluso, nexos entre delincuentes y sectores políticos afines al gobierno. Es decir, "a los amigos".

Estos fiscales eran en aquel momento, el fiscal adjunto Carlos Arregui y los fiscales René Fernández y Arnaldo Giuzzio.

En ese entonces, embajador de los Estados Unidos James Cason, mencionó que "hemos sido muy afortunados en encontrar individuos e instituciones que se encuentran realmente comprometidos en la lucha contra la corrupción, como sin lugar a dudas es el caso de las unidades especializadas de delitos económicos y anticorrupción".

En un gesto que puede llamarse histórico, Cason entregó "sombreros blancos de Cowboys" a los fiscales enjuiciados enviando un mensaje simbólico a las organizaciones mafiosas empotradas en el poder.

El sombrero blanco es el símbolo de los "Rangers de Texas" los famosos "Llaneros solitarios" que tenían la capacidad de investigar y capturar a los mayores delincuentes del Oeste Americano.

Este mensaje, no fue muy bien recibido en aquel entonces, pero lo peor de todo es nadie tomó nota y, los sectores políticos ambiciosos de poder, se acomodaron al dinero ilegal y se creyeron intocables.

La noticia de la instalación de Oficinas del FBI y del Departamento de Justicia de los EEUU en Paraguay, causó revuelo en los círculos políticos.

En estos últimos tiempos hay varios hechos que llaman la atención.

Por un lado, la detención de la Ex-Diputada Cintya Tarragó y su marido en Estados Unidos y por el otro, la cancelación de las Visas de por vida al Ex-Senador Óscar González Daher, al Ex-Fiscal General Javier Díaz Verón y familiares de ambos, levantó aún más los niveles de alerta en sectores dirigenciales de los partidos políticos tradicionales e incluso, no tradicionales.

Otro hecho que llama la atención es el viaje del Presidente Mario Abdo Benítez a los Estados Unidos, "sin Ministros o Asesores" para reunirse con el Presidente Donald Trump, dicen que van a tratar temas como corrupción, lavado de dinero, narcotráfico y terrorismo.

La conformación del Equipo nacional de equidad y transparencia por parte del Presidente de la República, Mario Abdo Benítez, antes de viajar a EEUU, es otra de las señales que llaman la atención. El designado para llevar adelante este equipo es René Fernández.

Ahora, hagamos un recuento de los cargos que ocupan aquellos fiscales destituidos y enjuiciados en el 2007.

Carlos Arregui, en la Seprelad (Lavado de Dinero), Arnaldo Giuzzio en la Senad (Narcotráfico) y René Fernández, en el Equipo de Equidad y Transparencia (Anticorrupción).

Ahora es más claro el panorama. Estados Unidos, a través de su Embajada está presionando al gobierno para que se tomen las medidas y con ese fin, tiene a sus "Sheriffs Criollos" en los cargos que necesitan más peso para destruir el poder de la mafia en la política nacional y, por sobre todo, que puede terminar perjudicando a los intereses norteamericanos en la región.

Para los yanquis, nuestro país no tiene posibilidad de destruir a las organizaciones criminales internacionales. Estamos secuestrados por las organizaciones criminales.

Hemos capturado a delincuentes del PCC, porque el Brasil hace el seguimiento. Cayó Oscar González Daher, con escuchas de conversaciones a su Secretario Fernández Lipmann a través de tecnologías, que nuestros sistemas de inteligencia no tienen.

Todo esto, nos demuestra que, como país, como ciudadanos, no estamos haciendo bien las cosas. Seguimos eligiendo siempre a los peores, los más corruptos y por sobre todo a los menos transparentes en cuestiones de utilización del dinero público y la financiación de las campañas.

Mientras no tengamos la conciencia de elegir personas que puedan demostrarnos integridad, ética y compromiso social serio, seguiremos convirtiéndonos en el "Salvaje Oeste" donde los bandidos deciden quienes serán los concejales, intendentes, gobernadores o legisladores.

Debemos pensar que el 2020 está llegando y los Sheriffs ya están aquí.

UN POCO DE EVOLUCIÓN

Sábado, 7 de diciembre de 2019

13.500 millones de años, la gran explosión del Big Bang,

3.800 millones de años, se formó el planeta tierra

6 millones de años, "una única hembra de simio tuvo dos hijas, una se convirtió en ancestro de todos los chimpancés, la otra es nuestra propia abuela";

2,5 millones de años, aparece el primer Homo australopithecus, que significa "hombre austral", que comparte las primeras características humanas actuales y con un cerebro que pesaba 600 gramos, construían utensilios rudimentarios y empieza la primera gran migración por lo que hoy conocemos como Europa, Asia y el norte de Africa;

2 millones de años. En esos primeros tiempos, los grupos humanos jugaban en el lodo, gruñían por cualquier ruido y los machos se golpeaban el pecho para atraer a las hembras o escalar en la vida social o tener poder, pero su impacto en la naturaleza era igual al de una luciérnaga en la noche;

Simultáneamente, en el mundo ya colonizado por los australopithecus, aparecen los

Homo rudolfensis, adaptados al calor extremo;

Homo denisova, adaptados a frío;

Homo soloensis, se adapto a la vida tropical;

Homo floresiensis, que vivían en una isla y sobrevivieron por ser los más pequeños, solo medían 1 metro y pesaban 25 kilos;

Homo ergaster, "Hombre trabajador";

Lucy

Nuestra abuela ancestral

Homo neanderthalensis, que aparecen en Europa y Asia occidental adaptados al clima frío;

el Homo erectus, sobrevive 2 millones de años, siendo el que más tiempo duró entre todos;

400.000 años, los humanos empiezan a cazar presas mayores a su tamaño de manera constante;

150.000 años aparece el Homo sapiens, pero solo tiene rasgos corporales y faciales parecidos a los nuestros,

140.000 años aparecen las primeras construcciones hechas por los Homo neanderthalensis;

100.000 años, el humano se convierte en el rey de la cadena alimenticia;

Y finalmente hace 70.000 años, aparece el Homo sapiens como un "hombre sabio";

50.000 años, desaparecen los últimos Homo soloensis y los Homo denisova;

35.000 años, aparecen las primeras figuras que eran mitad humanos y mitad animales, es decir eran expresiones ficcionales de la realidad;

30.000 años, desaparecen los Homo neanderthalensis;

12.000 años, desaparecen los Homo soloensis;

12.000 años, aparecen las primeras plantaciones agrícolas;

10.000 años, solo quedan los Homo sapiens; que son los primeros en desarrollar pensamiento mágico;

8 000 años, aparecen las primeras protoescrituras;

5.500 años, primeras tablillas con alfabeto cuneiforme;

500 años; los primeros pasos en la revolución científica;

113 años, aparece la primera transmisión de radio;

81 años, hablamos de fisión nuclear;

75 años, primera explosión nuclear;

42 años, los primeros rudimentos de internet;

30 años, aparece la World Wide Web o la famosa "triple doble ve" de las páginas de internet;

26 años, aparece la primera radio online del mundo.

10 años, aparece Facebook.

Conclusión, en estos momentos tenemos WhatsApp, Facebook, Instagram y muchas formas de comunicación.

Sin embargo, como sociedad humana, seguimos como aquellos primeros humanos, golpeándonos el pecho o gruñendo para comunicarnos.

Seamos un poco más tolerantes con los demás, con la diversidad que nos hace diferentes, con las opiniones que nos hizo evolucionar y con las ideas que construyen nuestro mundo individual y colectivo.

Nadie es mejor que nadie, ni tiene la verdad absoluta.

Necesitamos pensar que somos apenas un grano de arena en el inmenso universo. Que los tiempos de nuestro tiempo son milésimas de segundo en la historia del universo.

Bajemos nuestros egos y elevemos virtudes para acercarnos al Homo Sapiens que debemos ser todos los días.

(Este artículo fue elaborado con información del libro De animales a dioses de Yuval Noah Harari, Debate, 2018)

PD.: 3 años, aparece Ñacurutu News Radio Online, "Una radio diferente, una radio que piensa"..., seguimos evolucionando.

DEDOCRACIA, UN MÉTODO ANTIDEMOCRÁTICO

Sábado, 21 de septiembre de 2019

La dedocracia es un método típico de elección en el Paraguay.

Este sistema está tan arraigado que rompe todos los sistemas electorales, métodos de elección democráticos e incluso, selección de personal en algunas empresas.

En nuestro país, elegir un candidato, en muchos casos se inicia con el famoso "tengo un amigo que es potable" o "mis amigos me piden". Esta es una manera de ocultar que la elección de un candidato fue digitada. Los méritos no importan, porque "ogüereko la plata" (Tiene la plata,el dinero), "es churro" o la frase más popular "ñande candidato omandakua'a" (Nuestro candidato sabe mandar, dar órdenes).

El concurso para la elección de la Miss Copa UNE, Miss UNE o lo que sea, es más o menos, usando el mismo método.

Especialmente, en la FAFI.

Nadie cuestionó a la candidata, pero sí a su forma de elección para representar a todas, todos y "todes" los estudiantes de la facultad.

"Decreto mediante" el Presidente y Vicepresidente del Centro de Estudiantes "en uso (y abuso) de su autoridad) eligió a una candidata.

Aquí, repito, no discutimos la persona electa. Discutimos el método utilizado.

El "Pastor Católico" defendió la actitud del "Pastor Protestante" diciendo, entre otras cosas, que no se debe perder el tiempo en éstas elecciones, debiendo preocuparse de los estudios. En algunas de estas cosas, estoy de acuerdo con "el pastorcillo rebelde".

Debemos recordarle al "ilustre discípulo" que la Universidad Nacional debe ser un espacio democrático de elección, hasta del portero del Campus, de ser posible. No es su Congregación, no es su religión y no se hace el antojo de un grupo "Neo nazi" y menos de un "misógino, homofóbico, aporófobo,ególatra y narcisista" (este comillado es el análisis de una persona que comparte el pan, y lo conoce muy bien).

Bien, volviendo al mensaje, la representante de la FAFI fue electa Miss Fotogénica.

Como dice un amigo: " Llevan por el lado personal. Además, ¿con lo que hizo la FAFI quién asegura que la elección de anoche no fue "dedocrática"? Ese tipo de dudas generan estas acciones."

Por otro lado, es la elección de Miss Copa UNE o es también la elección de "Miss pollera mbyky (Corta), Miss sonrisa, Miss peinado sexi, "mis piernas doradas", etc."

Parecen niños del Jardín de Infantes, que debe ponerle estrellitas a todos los participantes para que no lloren.

Vuelvo a repetir, no cuestionamos ni la persona, ni su candidatura. Cuestionamos el método de elección y selección.

SEGURIDAD INDUSTRIAL, SALUD OCUPACIONAL

Viernes, 23 de noviembre de 2018

La prevención es una necesidad para resguardar la vida e integridad de las personas y bienes dentro de cualquier organización. En nuestro país, normalmente, no tenemos la costumbre de prevenir, o, mejor dicho, prever los riesgos e incluso, el cumplimiento de nuestras obligaciones antes de que sucedan.

Un hecho, quizás anecdótico, jocoso quizás, pero no por ello menos importante es que mucha gente, se aglomera el último día de pago de las habilitaciones de vehículos o para el pago del servicio de perforación de patentes. Todo se deja para último momento.

Esa cultura nos lleva a los fracasos organizacionales que implican siempre la capacidad de "prever los peligros y posibles causas de incidentes o accidentes" y por ello, no poner en riesgos "vidas y bienes materiales".

La expresión "aquí nomas me voy a ir" que utiliza una persona que va a conducir una moto y que se niega a ponerse un casco, es una de las excusas más corrientes.

¿Para qué hago esta introducción?

En diciembre del año 2017, se promulgo la Ley 5804/17, que establece el Sistema Nacional de Prevención de Riesgos Laborales, cuyo objetivo es reglamentar lo que ya está establecido en el Código del Trabajo. El ámbito de aplicación de esta Ley son las instituciones, entidades y reparticiones públicas a nivel nacional, departamental y municipal.

Este mismo hecho, genera expectativa con relación a la aplicación de la Ley, teniendo en cuenta los últimos accidentes ocurridos en distintas zonas del país. Es importante destacar que las empresas y en especial, los empresarios, no tienen esa visión de "prever los incidentes, para evitar tragedias", porque en muchos casos consideran que "son gastos innecesarios" o "así siempre lo hicimos" por lo que PREVENIR es algo que no existe en el diccionario patronal.

Paradójicamente, la alta presencia de constructoras extranjeras en nuestro país, obliga a las empresas que las contratan a que las medidas de seguridad aumenten en proporción al riesgo que toman las operaciones laborales. Muchas veces, son las extranjeras las que exigen que los obreros sean capacitados y entrenados ante los posibles riesgos en el ámbito laboral.

En este sentido, el Decreto N° 14.390/92 o Reglamento General Técnico de Seguridad, Higiene y Medicina en el Trabajo es la normativa que dirige, gestiona y reglamenta la "disminución de los riesgos de accidentes y enfermedades profesionales" siendo "de aplicación en todo el territorio de la República" lo que da una perspectiva de mejora en las condiciones laborales de los individuos en todo el territorio nacional.

Para cambiar nuestro país, debemos asumir nuestras deficiencias en temas de Seguridad Industrial y Salud Ocupacional. Si bien, esto no es un tema solo de "creación leyes y aplicación de las mismas", implica un cambio cultural importante, para gestionar esta realidad. El hacer todo "peichante" (Así nomás), o creer que "nunca nos pasará" es la forma más segura de "incitar a que cuando suceda algún incidente", este tenga consecuencias lamentables para los individuos. Como sociedad, debemos promover un cambio importante, dentro de la cultura de riesgos, y pensar en que "si sucede", ¿QUE DEBO HACER? Es la clave para estar prevenidos y no lamentar la pérdida de vidas o bienes.

CONCLUSION

Reflexiones hacia un futuro transformador

A medida que llegamos al final de "Miradas. Ensayos sociopolíticos", nos encontramos con una amalgama de ideas, debates y reflexiones que nos han llevado a explorar los recovecos de nuestra sociedad y a cuestionar el status quo. A lo largo de estas páginas, hemos sido desafiados a pensar de manera crítica, a abrir nuestra mente a nuevas perspectivas y a abrazar nuestra responsabilidad como agentes de cambio.

Hemos reflexionado sobre la educación y su poder transformador, reconociendo la importancia de una educación equitativa y de calidad que empodere a las futuras generaciones. Hemos debatido sobre las políticas y las estructuras de poder, comprendiendo la necesidad de una participación ciudadana activa y el respeto por los derechos fundamentales. Hemos examinado los desafíos de la salud y la pandemia, reconociendo la importancia de sistemas de salud sólidos y equitativos, así como la necesidad de una respuesta global a las crisis sanitarias.

En nuestras manos tenemos la oportunidad de forjar un futuro transformador. Los ensayos y reflexiones presentados en este libro nos han recordado la importancia de cuestionar, de desafiar las normas establecidas y de actuar en función de nuestros valores y principios. Nos han mostrado que el cambio es posible cuando nos atrevemos a levantar la voz, a unirnos en busca de soluciones y a ser agentes de transformación en nuestras propias comunidades.

Al cerrar estas páginas, debemos recordar que el conocimiento es solo el comienzo. La verdadera acción reside en nuestras manos y en nuestra voluntad de marcar la diferencia. Cada uno de nosotros tiene el poder de influir en nuestro entorno, de generar cambios positivos y de construir un futuro más justo y equitativo.

En última instancia, "Miradas. Ensayos sociopolíticos" nos insta a mantener viva la llama del compromiso social, a cultivar la empatía y a luchar por un mundo en el que todas las voces sean escuchadas. Nos invita a seguir explorando, aprendiendo y actuando en beneficio de nuestra sociedad y de las generaciones venideras.

Que este libro sea un punto de partida, una chispa que encienda nuestro deseo de contribuir a un futuro mejor. Juntos, podemos crear una sociedad más inclusiva, más justa y más humana. Sigamos mirando más allá de las apariencias, manteniendo nuestros ojos abiertos y nuestras mentes dispuestas a desafiar las normas establecidas.

El futuro depende de nuestras acciones y de nuestras miradas transformadoras.

ACERCA DEL AUTOR

Salvatore Brienza, es el seudónimo periodístico de Silvio Luis Benítez López.

Nacido el 7 de agosto de 1971 en Asunción, Paraguay, ha dedicado su vida a la búsqueda de conocimiento y al desarrollo de habilidades en diversas áreas.

Obtuvo su Licenciatura en Ciencias de la Comunicación de la Facultad de Filosofía de la Universidad Nacional del Este (UNE). Se especializó en Didáctica Universitaria en la misma universidad.

En el ámbito académico, ha sido auxiliar y encargado de cátedra en materias como Análisis sociológico, Teorías de la comunicación y Metodología de la investigación científica.

Silvio Luis Benítez López es propietario y director del sitio de información y opinión ÑACURUTU News, así como del sitio ÑACURUTU News Radio Online. También ha colaborado con artículos de opinión en el Diario Regional Vanguardia.

Ha publicado el libro RESONANCIAS, pensamiento Latinoamericano, en conjunto con el Lic. Jhoel Esquivel y el Lic. Jorge Contrera.

Recientemente ha publicado el libro CUARTO DE RELFEXIÓN, Escritos y reflexiones masónicas y carbonarias, a través de la plataforma digital Amazon.

Actualmente, Silvio Luis Benítez López dirige un programa de Radio denominado CONTACTO que se transmite por Ñacurutu News Radio Online, (www.nacurutunews.com) consolidando así su compromiso con la formación continua y el análisis profundo de la sociedad.

Su visión crítica y su afán por entender y transmitir la realidad lo convierten en un referente en su campo.